Die 39 Prosastücke dieses Bandes sind vier Stimmen zugeordnet. Jedes kann für sich stehen, ist aber mit den anderen durch inhaltliche oder motivische Bezüge vielfältig verbunden.

Einer zettelt versehentlich einen Krieg an, eine Soldatin desertiert mit der Nostalgiebahn, eine Leiche dient als Schatztruhe, ein pensionierter Lehrer schläft in seinem Katheder, ein Dachdecker lernt fliegen, Ludwig XVI. erscheint im 20. Jahrhundert an einem Maskenball – von solchem und Ähnlichem handeln diese Geschichten. Viele spielen in Kindheit und Jugend, und es ist darin von Liebessuche und Liebesenttäuschung die Rede. Gemeinsame Merkmale sind die schlichte, ungekünstelte Sprache und »das Verlorensein in der verwirrenden Gleichzeitigkeit von [...] ›Realität‹ und ›Imagination‹«. (Bernhard Heinser)

»Andreas Grosz hat Kurzgeschichten geschrieben, die alltäglich daherkommen wie ganz normale Berichte, die aber plötzlich abkippen in die Logik des Traums [...] und Bilder entwerfen von zauberhafter Faszinationskraft.« (Zentralschweizer Literaturförderung)

Andreas Grosz, 1958 geboren. Aufgewachsen in Baar (Zug). 1982 Übersetzerdiplom. 1996 *Die Ameisenstraße im Schrank* (Gedichte). 2001 Werkbeitrag der Zentralschweizer Literaturförderung. Lebt in Unterschächen (Ur⁻

D1664286

literaturWerkstatt berlin
Knaackstrasse 97 (Kulturbrauerei)
10435 Berlin
Tel. + +49 30 48 5245-0 Fax -30

Andreas Grosz

Fahnenflucht mit der Lokalbahn

Prosa

edition pudelundpinscher

Nackt bin ich unsichtbar

Schwimmen

Ein Sonntag im Sommer. Ich versuchte in meinen eigenen Schatten zu stehen. Die Eltern gingen voraus, den kleinen Bruder in der Mitte.

»Komm, der Zug wartet nicht«, rief die Mutter. Ein Ausflug an den See, ich sollte schwimmen lernen. Aber ich wäre lieber zu Hause geblieben.

In der Mittagsstille standen wir auf dem rostbraunen Bahnsteig. Der Bruder blies seinen weiß-roten Schwimmring auf. Die Mutter warf dem Vater einen fragenden Blick zu, ehe sie Raimund befahl, den Stöpsel herauszuziehen. Ich versetzte ihm einen Tritt gegens Bein, und der Vater schlug mich an den Kopf. Dann war wieder Ruhe. Man hätte sich nicht so sehr beeilen müssen.

Ich sah den Lehrer zuerst. Mir kamen Tränen, wie meistens, wenn Respektspersonen überraschend erschienen. Ich sperrte die Augen weit auf, damit das Wasser sich auf ihnen verteilen konnte. Der Lehrer ging die Treppe zur Unterführung hinab, und ich starrte unverwandt auf die große, blaue Emailtafel, die am Vordach des Bahnhofgebäudes hing. Darauf stand in weißen Buchstaben:

Das Überschreiten der Gleise ist verboten
Il est interdit de traverser les voies
È vietato attraversare i binari
It is forbidden to cross the railway lines

9

Der Lehrer betrat den Bahnsteig, und ich las laut, um die Aufmerksamkeit der Eltern auf mich zu lenken.

»Dort kommt dein Lehrer«, flüsterte die Mutter aufgeregt. Sie sah ihn erst jetzt. Ich ließ mich nicht von der großen Tafel abbringen. Als der Lehrer schon ganz nah war, fragte der Vater spöttisch, ob ich ihm nicht guten Tag sagen wolle.

»Nein, ich lese jetzt«, sagte ich und starrte auf die Wörter.

»Jetzt solltest du lesen«, sagte die Mutter und hielt mich zurück, als ich Vater und Bruder in die Hütte folgen wollte, auf der *Männer* stand. Sie nahm mich an der Hand, und wir gingen in die Frauenabteilung, einen Bretterverschlag, in dem es nach Schweiß und Unterwäsche roch. Das Licht war gedämpft. Mutter ließ sich Zeit, sie zog sich erst richtig aus, als ich fertig war.

Im Freien warteten Vater und Bruder schon. Die Arme verschränkt, ein Bein angewinkelt, so lehnten sie nebeneinander an einer Mauer. Der Vater schaute den Frauen nach, bis ihm auffiel, dass ich ihn von der Seite her beobachtete. Dann kam die Mutter mit Tasche und Badetüchern, und wir suchten uns einen freien Platz auf dem gelb und schütter gewordenen Rasen. Der Boden war hart.

»Komm, ich zeige dir jetzt, wie man schwimmt«, sagte der Vater. Er löste die Uhr vom Handgelenk und steckte sie in die Tasche, die neben der Mutter lag. Ich lief mit ihm bis zum Ufer und blieb dort stehen, während er rasch und entschlossen in den See hinauswatete, eintauchte und schwamm. Nach einigen Zügen drehte er sich auf den Rücken, winkte mir und rammte eine Frau, die eine Bademütze trug. Sie hustete, er entschuldigte sich lachend und kehrte zu mir zurück. Als er im seichten Wasser stand, schwankte er leicht. Er rieb sich die Nase, watete ans Ufer und legte mir die nasse Hand auf die Schulter. Er wollte etwas sagen.

»Ich mag jetzt nicht schwimmen lernen«, kam ich ihm zuvor und lief davon. Ich setzte mich neben die Mutter. Raimund grub zusammen mit zwei Kindern Löcher in den Sandhaufen.

In unseren heißen Betten warteten wir auf den Schlaf. Der Bruder lag oben, ich unten. Die Fensterläden waren geschlossen. Draußen war es noch Tag, und wir hörten die Stimmen anderer Kinder. Von Zeit zu Zeit fragte Raimund: »Schläfst du schon?«

Es war dunkel, und wir waren beide noch immer wach. Ich richtete mich auf, zog meinen feuchten Schlafanzug aus und glitt aus dem Bett. Bäuchlings lag ich auf dem kühlen, harten Fußboden und bewegte mich so, als schwömme ich. Raimund fragte von seinem Bett herunter: »Was tust du?«

»Ich bin über Bord gefallen. Ich kann nicht schwimmen und muss ertrinken.«

»Hier, ein Rettungsring.« Sein Kissen fiel auf meinen Kopf.

»Danke, das war knapp«, sagte ich und hustete. Ich packte den Rettungsring und schwamm langsam zum Boot zurück. Als ich wieder im Bett saß, wischte ich mir mit dem Schlafanzug Staub und Sandkörner von der Haut.

Du willst Amerika

Auf dem Schulweg kam ich am *Army Shop* vorbei. War Licht zu sehen, klopfte ich an die Schaufensterscheibe, und dann winkte Jenny mir zu. Nach der Schule trat ich manchmal ein und setzte mich auf einen Stuhl. Dann redeten wir. Hatte ich schulfrei und Jenny nichts anderes zu tun, fuhren wir vielleicht zusammen in die Stadt, um zu schlendern. Wir sahen uns die Auslagen an und redeten. Plötzlich verstummte Jenny und blieb vor einem kleinen Mann stehen, der ebenfalls innehielt. Eilig verzogen sich die beiden in ein Café und kümmerten sich nicht mehr um mich.

Am anderen Tag ging ich zu Jenny in den *Army Shop* und fragte sie nach dem kleinen Mann. Das sei Eddie gewesen, ein italienischer Sänger, sagte sie. Sie vermuteten beide, einmal miteinander verheiratet gewesen zu sein. Sie trafen sich nun oft und redeten, aber dann verliebte Jenny sich in einen Amerikaner, und Eddie schrieb ein Lied mit dem Titel *Tu vuoi l'America*.

Maria

Auf der Maschine schrieb ich ihr einen Brief, zögerte, ihn abzuschicken, ließ ihn tagelang liegen, zweifelte, und schließlich unterschrieb ich ihn nicht, bevor ich ihn in den Umschlag steckte und zur Post brachte. Trotzdem kam drei Wochen später eine Antwort.

Im Durcheinander vor der großen Pause warf Maria einen dicken Brief auf mein Pult. Er rutschte auf der schiefen Fläche, und ich griff sofort nach ihm. Auf dem Umschlag stand mein Name. Ich steckte den Brief unauffällig in die Mappe, meine Nachbarin bemerkte nichts. Mein Amt als Wandtafelwischerin vernachlässigte ich und drängte mich aus der Schulstube, ging auf rumpelnden Sandsteinplatten bis zum anderen Ende des finsteren Flurs, betrat die ungeheizte, weiß gekachelte Toilette und schloss mich ein.

Milchglasscheiben. Das Licht kitzelte in den Augen. Ich lehnte mich an die Fensterbrüstung und bückte mich. Die Schnallen klirrten, als ich die Mappe öffnete. Innen war es warm. Ich tastete nach dem Brief. Unschlüssig hielt ich ihn in der Hand. Im Vorraum flüsterten zwei Mädchen, und ich hatte Lust, den Brief in die Kanalisation zu spülen und alles auf sich beruhen zu lassen.

Der Pausenlärm war vorüber, da las ich ihn und dann noch zweimal. Ein langer Brief, mehrere Blätter voll blauer Zeichen. Ihre Hand hatte diese Spur hinterlassen, ihre Hände hatten auf diesen Papieren gelegen, und irgendwo stand: *Jetzt bin ich nicht mehr allein auf der Welt.*

Ich kam zu spät in den Unterricht zurück. Gerber war klein, dick und jähzornig. Er senkte den Kopf, schob die Lesebrille auf die Nasenspitze hinaus und blickte mir empört entgegen, als ich unter der Tür stand. Ich lächelte. Es nützte nichts, er schickte mich weg. Ich schloss die Tür und kehrte in die Toilette zurück. Aber ich hätte mich lieber im Klassenzimmer an meinen Platz gesetzt, um dieselbe Luft zu atmen wie Maria.

Meine Geliebte

Ich liebte sie, doch nackt hatte ich sie noch nie gesehen. Und wie viel mehr würde ich sie lieben, sähe ich sie erst nackt, sagte ich mir.

Der Saal war voll. Viele Bilder hingen an den Wänden, barockes Zeug mit nackten Gott- und Halbgottheiten, eine Gemäldeausstellung, hätte man meinen können. Und meine Geliebte saß irgendwo in der Menge, an einem der Pulte. Ich selbst nahm nicht Platz, sondern blieb bei der Tür stehen.

Ein Schüler stand auf und ging zum Katheder. Ein zweiter, dritter, ein vierter folgten, und es wurden immer mehr, alles junge Kerle, die nach der Küche ihrer Mutter rochen. Dann gingen auch Schülerinnen nach vorn, die Reihen lichteten sich hinten, und um den Katheder herum drängten sie sich alle und entkleideten sich gegenseitig.

Ich suchte meine Geliebte unter ihnen, reckte den Kopf, stand auf die Zehenspitzen, aber sie ließ sich nicht blicken. Von hinten legte mir jemand die Hände auf die Augen und sagte: »Nicht erschrecken, ich bins.« Es war ihre Stimme.

»Wie bist du an mir vorbeigekommen, ich stehe doch die ganze Zeit schon hier neben der Tür?«, fragte ich.

»Nackt bin ich unsichtbar. Das wusstest du nicht?«

Einkaufen

Früher war er Kinderarzt gewesen und etliche Male an meinem Bett gestanden, jetzt war er Verkäufer in einem Supermarkt. Er war auf dem Weg zur Arbeit, sah mich am Straßenrand stehen und hieß mich in seinen Wagen steigen: seine Art, für Kundschaft zu sorgen. Während der Schulzeit war ich in seine Tochter verliebt gewesen. Ich vermutete, er wusste das. Sie war noch immer ohne Freund, und vielleicht dachte er, ich sei schuld daran.

Ich riss eine Rascheltüte von der Rolle, suchte mir ein paar Äpfel aus, legte sie hinein und stellte mich damit ans Ende der Warteschlange. Der Kinderarzt saß an der Kasse. Während ich wartete, biss ich in einen der Äpfel, kaute, schluckte. Eine saftige Frucht, süß und kühl. Ich nahm einen zweiten Bissen und einen dritten, bis mir einfiel, dass ich die Äpfel nicht gewogen hatte. An der Kasse klebte ein Zettel, auf dem stand: *Um Missverständnisse zu vermeiden, bitten wir die Kundschaft, Esswaren nicht zu verspeisen, bevor sie bezahlt sind.*

Mit ungewogener, angebissener Ware würde ich gleich vor meinem Kinderarzt stehen. Ich kehrte zum Früchtestand zurück, legte die Äpfel auf die Waage, wartete aufs Etikett und klebte es auf die Tüte. Dann schob ich mich an den Wartenden vorbei zur Kasse vorwärts, wo dieselbe Frau immer noch ihre Einkäufe auf das Förderband legte. Sie bezahlte, steckte Rückgeld und Quittung ins Portemonnaie und machte sich daran, ihre Waren zu verstauen. Nun legte ich meine Tüte auf das schwarze Band, der Arzt griff nach ihr und streckte sie mir hin, ohne zu mir aufzusehen. »Warten Sie, bis Sie an der Reihe sind.«

Ich kehrte ans Ende der Schlange zurück. Als ich wieder bei ihm ankam, hob er die Tüte in die Höhe und zeigte auf den angebissenen Apfel, dessen Wunde sich schon bräunlich verfärbt hatte.

»Und was ist mit den drei Bissen? Bezahlen Sie die auch? Stehen Sie doch wieder hinten an und überlegen Sie sich das.«

Als ich zum dritten Mal vor ihm erschien, sagte er nur: »Die Kasse ist geschlossen. Nehmen Sie die Äpfel einfach mit und warten Sie draußen auf mich, ich fahre Sie nach Hause.«

Arbeitssuche

Mein Freund begleitete mich zu ihm. Es hieß, er suche eine Hilfskraft. Er lebte in einem riesigen, lichten Zelt am Rand der Stadt, war groß gewachsen und von einer weichen, haarigen Korpulenz.

16

Er führte uns sogleich zu einem Schrank, öffnete ihn, bückte sich und holte ein Bündel hervor, eine zusammengefaltete, gelb-schwarze Plane. »Ein kleines Zelt, alt und sturmerprobt, darin können Sie beide wohnen.«

Wir hielten es unschlüssig in den Händen, während der Mann eine große Pappschachtel aus dem Schrank zog und uns vor die Füße stellte. Er hob ihren Deckel ab und zeigte uns das Modell eines Motorrads der kaiserlichen japanischen Armee, Maßstab 1:3, offenbar fahrtüchtig, wenn auch unbequem, besonders für Leute von der Größe meines künftigen Chefs. Damit habe er einige hübsche Ausflüge gemacht, die Knie angezogen, die Arme angewinkelt, und einmal sei er damit bis nach England gekommen, sagte er. Dann verstaute er das Modell wieder und zeigte uns ein paar weitere Gegenstände, beispielsweise Schmetterlinge hinter Glas oder antike Zuckerdosen, und ich hoffte immer, er werde endlich zur Sache kommen, wir könnten über meine Arbeit sprechen und übers Finanzielle. Als er meinen Freund wegschickte (»Bitte lassen Sie uns einen Augenblick allein«), da glaubte ich, nun sei für ihn die Zeit gekommen, sich dem Wesentlichen zu widmen.

Er führte mich zu seinem Bett, warf die Decke zurück, zog die Schuhe aus und ließ sich auf die Matratze sinken. »Kommen Sie, hier ist Platz für zwei.«

Ich tat, was er wünschte. Kurze Zeit darauf näherte sich uns ein Mann, der aussah, als kenne er sich in Schießkellern und Zuhälterkreisen aus. Er trat an unser Bett und sagte mit einem Lächeln zu mir: »Dein Freund ist verschwunden.«

»Das ist mein Sekretär«, erklärte mir der Chef. Ich nickte nur und rief nach meinem Freund. Als ich vor Verzweiflung schrie, fand ich ihn neben mir im Bett. Er schlief, und ich schmiegte mich an seine Seite, hörte den ersten Vogel rufen, das erste Auto vorbeifahren und sah das Licht wachsen.

Blut

Ich hatte damals eine alte Yamaha, mein Freund hatte sie mir überlassen. Beim Bahnhof stellte ich sie ab und ging im *Café Mondschein* etwas trinken. Als ich auf die Straße zurückkehrte, erwartete mich Viktor, ein junger Bürokollege. Ob ich jetzt Zeit für ihn hätte, wollte er wissen. Er trug ein weißes Hemd, blaue Jeans und schwere, schwarze Halbschuhe, wie Handwerker sie haben. Ich wusste nicht, was ich davon halten sollte, dass er mit solchen Schuhen zu mir kam.

»Wie ist es, gehen wir?«, fragte er.

»Ja, gehen wir.«

Ich ging voraus, Viktor folgte mir auf dem Fuße, als befürchte er, ich wolle ihn abschütteln. Ich schloss die Haustür auf und ließ ihn eintreten. Das Haus stand am Anfang der Bahnhofstraße, ein unauffälliger Bau. Unten war ein Dessousladen, oben waren Büros, zuoberst war unsere Bude. An den Geruch nach Putzmitteln erinnere ich mich gut. Er empfing einen schon im Aufzug, einem alten Modell mit Knöpfen, die einmal weiß gewesen und im Lauf der Jahre gelb geworden waren. Drückte man einen, so rastete er ein und blieb stecken, bis man angekommen war. Einen roten Knopf gab es auch: den Notruf.

Wir schwiegen, als wir in der wackelnden Kabine standen. Ich hatte nicht geglaubt, dass er einmal kommen werde, und überlegte, ob ich es ihm sagen solle, da stand der Lift schon still. Ich schob die schwere Tür auf und ließ den Jungen vorangehen. Es waren Leute in der Bude, deshalb setzten wir uns im Flur nebeneinander auf den grünen Boden, Linoleum oder etwas Ähnliches. Wir lehnten uns an die Wand. Die Treppenhausschaltuhr tickte. Das Licht war gelb und schwach. Um etwas Abstand zwischen mir und Viktor zu schaffen, bohrte ich in der Nase. Mit dem, was ich dort fand, formte ich kleine, schwarze Kügelchen und schnippte sie mit dem Zeigefinger weg. Er sagte: »Gib mir eins zu probieren.«

»Du Ferkel«, sagte ich und lachte. Ich mochte ihm den Gefallen nicht tun. Das Licht ging aus, und ich hörte Viktors schnellen Atem. Ich bereute, dass ich ihn ermuntert hatte herzukommen. Er hatte mir Leid getan, mehr nicht. Alles an ihm erinnerte mich an einen Hund.

Die Tür unserer Bude ging auf, ein Mann trat heraus und näherte sich uns. Er wäre wohl über unsere Beine gestolpert, hätte meine Kollegin nicht rechtzeitig auf den rot leuchtenden Lichtschalter gedrückt. Wortlos ging er an uns vorbei.

»Ich bin gleich so weit«, rief sie und schloss die Tür wieder, drehte sogar den Schlüssel. Ich teilte die Bude mit ihr und zwei anderen. Zwei von uns arbeiteten am Tag, zwei in der Nacht, wir wechselten uns ab. Ich stand auf, und ein leichter Schwindel ließ mich mit dem Rücken Halt an der Wand suchen. Angelehnt blieb ich stehen, bis die Schwärze vor meinen Augen sich verzogen hatte. Dann klopfte ich an die Tür.

»Gleich!«

Als die Kollegin öffnete, flogen innen die Fensterflügel auf, und ein Windstoß drang zu uns heraus. Sie schloss die Tür sofort wieder und lief zum Fenster.

»Es sieht nach Sturm aus«, sagte ich zu Viktor. Die Kollegin betrat den Flur und schritt mit Geklapper zum Lift. Dem Jungen zwinkerte sie zu. In der Bude roch es nach ihrem Parfum.

Ich zog meine schwarze Lederjacke aus und hängte sie an die Garderobe. Dann verlangte ich mein Geld. Die Scheine waren warm und feucht. Ich steckte sie in die Brusttasche der Jacke und zog den Reißverschluss zu, holte das weiße Laken aus dem kleinen Schrank, in dem wir unsere Sachen aufbewahrten, und warf es über das breite Bett. Ich straffte es und strich es glatt, während Viktor unschlüssig neben der Tür stand.

»Hast du Angst?«, fragte ich. Er schüttelte den Kopf und beugte sich zu seinen schweren Schuhen hinab. Ich verschwand hinter dem blauen Vorhang, der das Bad vom Zimmer abtrennte, und kam im Bademantel zurück. Die Enden des Gürtels verknotete ich locker.

Viktor lag nackt auf dem Bett, die Augen geschlossen. Ich setzte mich zu ihm und wartete. Er zitterte.

»Es geht nicht«, sagte ich nach etlichen Versuchen.

»Es wird schon gehen«, entgegnete er und öffnete die Augen.

»Und wenn ich dir weh tue?«

»Du tust mir nicht weh.«

Ich versuchte es mit Vaseline, aber es half nicht.

»Du musst zum Arzt«, sagte ich. Erst jetzt sah ich, dass sein Bauch und meine Hände voll Blut waren. Er richtete sich auf, griff nach seinem Hemd, das auf dem Stuhl neben dem Bett lag, und streckte es mir entgegen. Ich drückte es auf seinen Bauch und lief ins Bad, um mir die Hände zu waschen. Eine rote Brühe rann in den Ausguss. Als ich zurückkehrte, hatte Viktor sich bereits Hose und Schuhe angezogen. Das blutbefleckte Hemd lag zusammengeknüllt auf dem Boden. Er nahm es unter den Arm. »Was brauche ich ein Hemd, es wird eh gleich regnen.« Er lächelte und bedankte sich.

»Geh zu einem Arzt«, sagte ich und begleitete ihn im Bademantel zum Aufzug. Er ging mit kleinen Schritten, hatte wohl Schmerzen. Im Flur stand die Kollegin mit einem anderen Kunden. Als ich an ihr vorbei zur Tür zurückkehrte, flüsterte sie: »Was hast du mit dem bloß angestellt?« Ich zuckte mit den Schultern, schloss die Tür und sah mir das Laken an: keine Blutspuren. Ich raffte es zusammen, schüttelte es aus, faltete es und legte es in den kleinen Schrank zurück.

Mondscheinsonate

Wortlos gingen wir durch den großen, dunklen Kellerraum. Das Licht unserer Kerzen streifte Klappstühle, Notenständer, Podeste. Durchs weiß verputzte Gewölbe gelangte Musik zu uns herab, oben im Konzertsaal spielte eine Pianistin. Vor einem Klavier blieben wir stehen.

Harry entfernte die Schutzhülle, holte sich im Dunkeln einen Stuhl und nahm Platz. Er steckte die Kerzen in die Halter, brachte die Füße vor den Pedalen in Stellung. Die Hände schwebten über den Tasten, die Finger spreizten, streckten und krümmten sich, sie tanzten. Die Augen waren geschlossen, Kopf und Rumpf wiegten sich. *Adagio sostenuto.*

Unversehens setzte er ein, spielte mit. Ich fuhr zusammen, blickte um mich, konnte nichts sehen, sah nur ihn, wie er spielte, und hörte, wie er sich ins Spiel der Pianistin mischte, in den Vortrag einer berühmten Frau. Er spielte mit ihr oder gegen sie, er hinkte hintennach oder eilte voraus und tat es so laut, dass es keinen Zweifel gab: Die mussten ihn oben hören.

Ich sah seinen Händen zu und wartete darauf, dass sie nicht mehr weiter wussten. Doch sie blieben auch im *Allegretto* dabei und hielten im Finale mit. *Presto agitato*. Und dann blieben sie plötzlich witternd in der Luft stehen. Harry horchte. *Adagio.*

»Weg!«, flüsterte er und blies die Kerzen aus. Wir schlichen uns ins Dunkel davon. Auch ich hörte nun Schritte. Sie näherten sich rasch.

Die letzte Tür führte nicht ins Freie, sondern in einen leeren Kohlenbunker. Wäre noch Kohle gelagert worden, hätten wir vielleicht die Luke erreichen und nach draußen steigen können, aber so waren wir gefangen. Wir verriegelten die Tür. Die Schritte waren nah. Oben pfiff und johlte das Publikum, und unsere Verfolger pochten an die Tür.

»Aufmachen!«

Wir schwiegen. Ein zarter Lichtschimmer trat durch die Luke. Die dicke Schicht Kohlestaub, die den Boden bedeckte, verschluckte ihn. Oben gab es wieder Musik. Harry stand hinter mir und legte die Hände auf meine Schultern. Lautlos ließ er seine Finger mitspielen.

»Aufmachen!«

Harry tat drei lange Schritte hin zur Mauer, an der ein länglicher, schwach leuchtender Gegenstand lehnte. Unter Harrys Sohlen knirschte der Staub. Er kauerte sich nieder und berührte das Ding vorsichtig, nahm es an sich und hielt es dem Schimmer entgegen, um es zu betrachten. Dann reichte er es mir. Ich tastete.

Etwas Rundes, Bewegliches war an ihm befestigt, ein Knopf, eine Taste, auf die man drücken konnte. Und vielleicht würde das helfen. Ich gab Harry das Gerät zurück. Sein Daumen umspielte die Taste und drückte.

»Wir haben Zeit«, zischte der Mann vor der Tür.

Die Taste leuchtete rot auf, blinkte und summte. Sie blinkte und summte dreimal kurz, dreimal lang, dreimal kurz. SOS. Kaum hatten wir die Botschaft verstanden, heulte in der Nähe eine Sirene auf. Ihr Gesang schwoll an, schwoll ab, und eine zweite, etwas fernere Sirene mischte sich ein. Eine dritte kam auf. Schließlich heulten die Sirenen der ganzen Stadt und mit ihnen die Sirenen der Vororte, und in diesen Aufruhr mischte sich das Sturmgeläut der Kirchenglocken. Von der Pianistin war nichts mehr zu hören, ebenso wenig von unseren Verfolgern. Harry brüllte: »Ich habe einen Fehlalarm ausgelöst.« Er umarmte mich, und als wenig später Explosionen krachten, schrie er: »Es ist kein Fehlalarm. Ich habe einen Krieg ausgelöst.«

Auf der Flucht verloren wir uns aus den Augen, und ich vergaß sein Gesicht, seine Stimme, seinen Geruch.

An einem hellen Nachmittag machte ich in einem Dorf Halt. Ich war mit dem Fahrrad unterwegs, ein Ausflug aufs Land, wie ich hin und wieder einen unternahm, um Verwandte zu besuchen, immer mit dem vagen Gedanken, Harry könnte mir von einem Acker aus zur Straße herüberwinken.

Die Sonne schien an die weißen Häuser. Ein Mann in zerrissenem Lederkostüm schlenderte durch die verlassene Dorfstraße. Ein Bürger trat aus der Tür seines Hauses und schrie: »Was fällt dem Bettler ein, sich auf der Straße zu vergnügen!«

Flugzeuge waren zu hören. Der Bürger beeilte sich, in seinen Keller zu kommen, ich gesellte mich zum Bettler und ging zu Fuß mit ihm weiter. Wir näherten uns dem Ende des Dorfes. Nach den letzten Häusern standen ein paar ausladende Linden, dort hielten wir an.

»Ich bin ein abgestürzter Flieger«, sagte er. »Und was haben Sie in dieser Gegend zu suchen?«

»Einen Mann.«

Als habe er meine Antwort überhört, blickte er zuerst schweigend zu Boden. Dann sagte er: »Lassen Sie mich der Glückliche sein.« Er griff nach meinem Velo. »Komm, sitz auf, wir fahren zu mir.« Der Mann nahm das Fahrrad zwischen die Beine, und ich setzte mich auf den Gepäckträger. Wir fuhren durch Obstgärten, Laub- und Nadelwälder, und bei Einbruch der Dunkelheit erreichten wir die Flugzeugfabrik. Dorthin gehörte der abgestürzte Flieger. Er war Werkspilot. Zum Direktor sagte er: »Ich habe einen unserer Vögel verloren, dafür eine Braut gefunden. Ich bin abgestürzt, und sie hat mich aufgelesen.«

An einem der folgenden Abende feierten wir Verlobung. Alle waren eingeladen. Mechaniker, Ingenieure, Konstrukteure, Zeichner wollten kommen und ihre Frauen mitbringen, auch Buchhalter und Sekretärinnen hatten sich angemeldet, und die Frau des

Direktors hatte ihren Flügel in die Halle schaffen lassen. Während der Festvorbereitungen spielte mein Verlobter darauf.

»Entschuldigen Sie meine Gier.« Er sah zum Direktor und dessen Frau auf. »Seit Kriegsbeginn habe ich an keinem Klavier mehr gesessen. Damals übte ich ... doch hören Sie selbst.«

Zu dritt standen wir am Flügel und horchten. Mein Verlobter ließ es sich nicht nehmen, die Sonate Satz für Satz bis zum Ende zu spielen. Wir klatschten vergnügt Beifall, und dann sagte die Frau Direktor: »Mir ist, ich habe Sie schon einmal spielen hören. Wo mag es nur gewesen sein?«

Wir widmeten uns wieder den Festvorbereitungen, reihten Gläser auf, trugen Flaschen heran und schichteten Gebäck auf silberne Platten. Wir küssten uns verstohlen, und dann kam die Frau Direktor noch einmal daher und sagte lächelnd: »Nun erinnere ich mich wieder an jenen Abend, an unser eigenartiges Zusammenspiel. Sie haben mich damals in äußerste Verlegenheit gebracht, und ich wäre Ihnen wohl heute noch sehr böse, wäre seither nicht so viel Schreckliches geschehen. Mein Mann dürfte hierüber anders denken. Groß ist sein Widerwille gegen den Menschen, der so viel Schande über mich gebracht hat, fast so groß wie sein Hass auf den, der diesen Krieg angezettelt hat. Ich ziehe es deshalb vor, über diese Sache Stillschweigen zu bewahren.«

Nachts spielte sie an ihrem Flügel Tanzmusik.

Desertion

Die Flucht schien zu glücken. Ich wollte zu meinem Kind und trug die Uniform einer Armee, die es seit vielen Jahren nicht mehr gab: die der Konföderierten. Die vollen Brüste schmerzten, als ich von der Mauer sprang, während Feuerstöße das Haus erschütterten. Ich rannte bis zum Bahndamm, wo gerade die Nostalgiebahn stand, die kleine hübsche Dampflokomotive mit den beiden Reisewagen. Ein Liebhaberverein hatte sie mit viel Fleiß und Detailkenntnis und in tausend Stunden Fronarbeit restauriert.

Die Wagen waren leer, nur eine Schaffnerin ging hin und her, glücklich, heiter. Sie nahm mich mit, ohne nach meiner Fahrkarte oder meinem Urlaubsschein zu fragen. Ich wollte nur durch den Berg (denn zu Fuß über ihn hinweg: wie viel Zeit und Mühe hätte das gekostet), nur durch den Tunnel hindurch, eine Strecke von unbedeutender Länge. Es lohnte sich nicht einmal, Platz zu nehmen, und ich unterließ es auch aus Rücksicht aufs neue Samtpolster der Sitzbänke.

Am Ende des Tunnels stand ein Bahnhof. Dort stieg ich aus. Die Sonne schien, und ich beschloss, meine Flucht und Suche zu Fuß fortzusetzen, hielt es dann aber für klüger, den Tag in einem nahen Wald zu verbringen und die Nacht abzuwarten.

Als ich mich nach Einbruch der Dunkelheit einem kleinen Dorf näherte, wo ich Verwandte vermutete, hielt neben mir eine junge Frau ihr weißes Fahrrad an und erlaubte mir, mich auf den

Gepäckträger zu setzen. Sie hatte langes blondes Haar und war blass wie eine Kranke. Ich erzählte ihr, dass ich aus einer Armee geflohen sei, die vor vielen Jahren besiegt worden sei und längst nicht mehr existiere, und dass ich meinen Sohn suchte.

»Ach, den suchst du, den kleinen Trunkenbold.«

»Ja, den suche ich«, antwortete ich und stieg vom Gepäckträger.

In der Gastwirtschaft, von der das Mädchen gesprochen hatte, fand ich ihn. Er war etwas größer geworden und schien mich nicht mehr zu kennen. Ich rief ihn, aber er wollte nichts von mir wissen. Kurzerhand stellte ich mich hinter den Schanktisch, zog den Waffenrock aus, zog auch Hemd und Unterhemd aus und entblößte meine Brüste, um ihn anzulocken. Aber ich hätte es mir denken können: Nicht er, sondern zwei, drei, vier betrunkene Männer torkelten heran und streckten ihre Hände nach mir aus. Ohnmächtig geworden, stürzte einer von ihnen zu Boden.

»Ich will meinem Kind Milch geben!«, schrie ich und verscheuchte die stinkenden Männer. Dann endlich wankte mein betrunkenes, hungriges Kind mir entgegen. Ich hob es auf die Theke, und es kniete vor meinen Brüsten nieder, trank die eine leer, dann die andere, und schließlich rülpste es mit Behagen.

Atlas

Mit einem Weltatlas in der Hand verließ ich den Verlag, in dem ich während drei Jahren gearbeitet hatte. Entzückt betrachtete ich das beschriftete Bild der Erde. Seidene Fäden hielten die dünnen Seiten des Atlasses zusammen. Reiselust stieg aus den Kontinenten zu meinen Augen empor, und schon sah ich meinen Bruder und mich im hohen Atlas. Von einem streunenden Gott erbaten wir uns ein eisernes Boot, und so ging es hinunter auf einem Fluss, der manchmal tief und reißend, manchmal seicht und sandig war.

Ich dachte an die Länge menschlicher Schritte und die Breite menschlicher Füße, während ich mit den Fingern Wüsten, Gebirge, Städte streichelte. Ich dachte an meine alte Gewohnheit, auf der Erde eine Fremde zu sein, sagte mir aber: »Wie schlecht kennst du doch die Erde!« Ich legte den Zeigefinger auf Punkte, an denen mein Bruder wohnen mochte: 59 Grad 56 Minuten nördlicher Breite und 30 Grad 16 Minuten östlicher Länge oder 48 Grad 51 Minuten nördlicher Breite und 2 Grad 21 Minuten östlicher Länge und so weiter. Wir hatten denselben Geografielehrer gehabt, und nun lebten wir so fern voneinander. Der Nebel trennte mich von den Sternen, und ich blätterte im Atlas, bis mir die Augen zufielen und meine Lippen die Großen Seen berührten oder mein Kinn im Delta des Ganges versank.

Da ich meine Geburtsstadt sehr gut kannte, fand ich dort eine Stelle als Fremdenführerin. Es wurde Frühling, und die ersten

Fremden erschienen in der Stadt. Ich nahm mich ihrer an und zeigte ihnen die Sehenswürdigkeiten. Abends blätterte ich nicht mehr so oft im Atlas, sondern blickte zum Himmel empor. Ich begrüßte den roten Arktur und die diamantene Spica, ich winkte dem Löwen und knurrte. Am anderen Tag schien der Himmel wieder durch die Erde hindurch, durch diesen Apfel in den Händen eines streunenden Gottes.

In der großen Stadt

> Was ich versuche zu beschreiben, ist die
> Unmöglichkeit, aus der eigenen Haut in die eines
> anderen Menschen zu schlüpfen.
> Diane Arbus

Lange Zeit hatte ich nicht gewusst, dass es am Ende der Straßenbahnlinie Nummer acht einen kleinen See gab und einen kleinen Berg mit Geröllhalde und Gipfelfelsen. Ich musste mir eingestehen, eine schlechte Kennerin meiner Wahlheimat zu sein.

Um mein Heimweh zu lindern, fuhr ich fortan oft in diese Gegend hinaus, so auch an jenem Sommermorgen. Ich badete meine Füße im See, schaute den Anglern zu, und gegen Mittag fuhr ich mit der Straßenbahn in die Innenstadt zurück.

Beim Eingang zum Hauptbahnhof gab es einen Kiosk. Dort fiel

mein Blick auf eine Frauenzeitschrift, die Fotografien von Diane Arbus brachte: eine Reportage über das Eisenbahnunglück, das sich im Innern des Bahnhofs ereignet hatte. Ich nahm das oberste, bereits etwas zerlesene Exemplar vom Stapel, schlug es auf und betrachtete die Bilder. Dutzende von Blechfässern türmten sich auf, zerstörte Eisenbahnwagen waren unter sie gemischt, und ganz oben auf dem Berg aus brandschwarzem Schrott lag eine Lokomotive.

Da ich die Verwüstung mit eigenen Augen sehen wollte, ging ich zu den Gleisen und betrachtete den Trümmerberg. Breit und majestätisch erhob er sich in unserem Sackbahnhof und verhinderte jeden Zugverkehr. Dennoch warteten viele Leute. Ich wollte alles genau sehen und ging an ihnen vorbei. Von weitem glaubte ich eine alte Schulfreundin zu erkennen, die mir sehr lieb gewesen war. Seit einem Jahrzehnt hatte ich sie nicht mehr angetroffen. Ich wollte sie von nahem sehen und fragte mich, ob sie mich wiedererkennen werde. Aber die Entfernung hatte mich getäuscht: Die Frau war mir nie zuvor begegnet.

Ein starker Kran stellte die Lokomotive langsam auf die Schienen zurück. Der Ausleger ächzte, der Ballast hob sich. Zu meiner Überraschung trug die Lokomotive das Wappen von Jerolam. In Jerolam bin ich zur Welt gekommen, in einem der Vororte habe ich Kindheit und Jugend verbracht.

Die Leute schauten zu und klatschten, als das diffizile Manöver beendet war. Dann suchte sich der Kran zwei nur leicht beschädigte Reisewagen aus den Trümmern und stellte sie vor die Lokomotive auf die Schienen. Aus den Lautsprechern verkündete eine Stimme: »Auf Gleis acht steht der Schnellzug nach Jerolam. Abfahrt 13 Uhr 59. Bitte einsteigen.«

Zusammen mit anderen Reiselustigen stieg ich ein. Der Zug fuhr pünktlich ab. Ohne Mühe räumte er den Prellbock aus dem Weg, rollte durch die Bahnhofshalle, und erst am Ende der Straßenbahnlinie Nummer acht – am Ufer des kleinen Sees, am Fuß des kleinen Bergs – hielt er wieder an.

»Darf ich Sie fotografieren?«, fragte die Frau, die ich auf dem Bahnsteig für meine Schulfreundin gehalten hatte und die sich mir nun als Diane Arbus vorstellte.

»Hier in der Eisenbahn?«

»Ja – oder wo immer Sie wollen.«

Ich stand von meinem Fensterplatz auf und sagte: »Fotografieren Sie mich doch im Freien, am Ufer des kleinen Sees, vor dem kleinen Berg da draußen.« Ich deutete durchs Fenster, sie nickte und sagte: »Gut, gehen wir. Es scheint, der Zug wird noch eine Weile stehen bleiben.«

»Hierher fahre ich immer, wenn ich Heimweh habe«, sagte ich, als wir den See erreichten. Gleich gegenüber, am anderen Ufer, erhob sich der Berg mit seinen Felsen und seiner Geröllhalde, und hinter uns lag die Stadt. Wir standen still, und ich hörte uns atmen. Niemand war uns gefolgt.

Die Fotografin stellte das Dreibein auf und schraubte die Ka-

mera fest. Mit Hilfe des Selbstauslösers wollte sie ein paar Aufnah-
men von uns beiden machen. Sie schlang ihren Arm um meine
Schultern, den Hintergrund bildete der Berg. Ich lächelte ins Ob-
jektiv und fragte mich, ob sie das auch tat.

Sie glaubten uns kein Wort

Bordüber

In Brasilien hatten wir eine Schwester. Sie trank aus Pfützen und von den Zitzen säugender Hündinnen. Sie kratzte Kaugummis vom Pflaster und sammelte sie. Versprachen wir ihr, sie auf die Rattenjagd mitzunehmen, lieh sie uns zwei aus ihrem Vorrat aus. Unsere Schwester war die lauteste Person der Familie. Bestimmt wäre sie Sängerin geworden, darin sind wir uns heute einig, mein Bruder und ich.

Wenn wir nachts in unseren Kajütenbetten lagen und er und ich uns vorstellten, den Ozean zu überqueren, und jeder auf seinem Deck in die Dunkelheit redete, dann begleiteten uns die Lieder der Schwester auf der Reise. Ihr Gesang war das Wasser, auf dem der hohe Kahn schaukelte, er war der Wind, und sogar den stummen, wegweisenden Sternen wurde er zur Stimme. Bei Sturm steigerte er sich zu einem wilden Jauchzen und Heulen. Dann kamen die Eltern in unser Zimmer. Licht fiel über unsere weit offenen Augen her. Mit energischen Worten wurden die Wogen geglättet. In friedlicheren Gewässern ging die Fahrt weiter und führte allmählich in den Schlaf.

Einmal glitt die kleine Schwester aus ihrer Kajüte ins Wasser und lag auf dem Fußboden. Sie jammerte und flehte um Hilfe, leise nur, die Eltern sollten nicht dazwischentreten. Wir Brüder zauderten nicht und sprangen vom Schiff ins Wasser, um sie vorm Ertrinken zu retten. Wir schwammen ihr entgegen und keuchten.

Schließlich konnten wir sie bei den Armen packen. Wir hoben ihren Kopf aus den Fluten und zogen sie über die kühlen, staubigen Fliesen zum Schiff. Sie hatte viel Salzwasser geschluckt und atmete in kurzen, heftigen Stößen. Wir kletterten an Bord zurück, dann hievten wir sie zu uns herauf.

Die Nacht verbrachten wir zu dritt in ihrem schmalen Bett. Die Schwester lag in der Mitte, so konnte sie nicht wieder ins Meer fallen. Wir drückten uns an sie, an ihren schmächtigen, schwitzenden Leib. Wir tauchten die Nasen in ihre staubigen Haare und mussten niesen.

Das Fieber, an dem sie erstickte, versenkte auch unser Schiff. Nach ihrem Tod mieden wir die See. Im Flugzeug überquerten wir den Ozean. Mein Bruder ist Arzt geworden (ich nichts Genaues).

»Ihre Krankheit wäre heilbar gewesen«, sagte er einmal, »doch damals war ich nicht Arzt, sondern Seefahrer.«

Unsere Verstecke

Der Vater hatte das Lied aus der Fabrik mitgebracht. Es passte der Regierung nicht, und ich sang es falsch an jenem Nachmittag, als der Bruder und ich im Hof drunten mit Sandkuchen und Feuern spielten. Zwei Soldaten standen Wache vor dem Eingang zum Hof. Sie hatten mich singen gehört und kamen breitbeinig daher.

Sie waren betrunken. Der eine hielt mich fest, der andere drückte dem Bruder die Hand auf den Mund.

»Bloß nicht plärren«, sagte er. Aus einem Fenster schrie eine Frau: »Hände weg von den Kindern, ihr besoffenen Schweine!« Doch der eine Soldat nahm den Bruder auf seine Arme, und dann gingen sie weg. Mich wollten sie nicht, darum rannte ich ihnen nach. Einmal blieben sie stehen, und dann ließen sie meinen Bruder wieder laufen. Er kam mir entgegen. Der eine Soldat schoss, und dann gingen sie beide zu meinem Bruder hin. Er lag auf dem Boden, und sie beugten sich über ihn, griffen in seine Haare, betasteten die Stirn und die Wangen. Schließlich hob ihn der eine von der Straße auf. Er hatte ihn vor der Brust hängen und rief mir zu: »Wir bringen ihn dir zurück, sobald er wieder gesund ist. Wir bringen ihn in euer Versteck.«

Ein paar Tage später fuhr ich mit der Straßenbahn zum Stadtrand hinaus und schaute die vorbeiziehenden Häuser an. Der Wagen füllte sich mit Minzengeruch. Bei der Kaserne sprang ich ins Freie. Dort war unser Versteck, das Heckenloch. Ich ging hin und wartete. Die zwei Soldaten würden meinen Bruder zurückbringen, so war es abgemacht. Neben der Kaserne war eine Wiese, und es gab auch einen Tümpel. Darin rührte sich etwas, das trübe Wasser gluckste, und der Bruder tauchte auf. Er stieg an Land und näherte sich. Er setzte sich zu mir ins Gras und war ganz nass.

»Der Tümpel ist mein neues Versteck«, sagte er, und ich kehrte allein nach Hause zurück.

In der Nacht holten mich die zwei Soldaten aus dem Bett. Sie führten mich in der Stadt spazieren. Sie sagten, sie brächten mich in ein Haus, darin sei ein Zimmer, das mir allein gehören werde. In Wahrheit kehrten wir heim. Die Soldaten verabschiedeten sich freundlich, ich ging durch den Hof, betrat den Block und stieg die Treppen zu unserer Wohnung empor. Die Eltern waren aufgestanden, und die Mutter sagte gleich: »Uns brauchst du nichts vorzumachen, wir wissen alles.« Der Vater sagte auch, sie wüssten alles. Er zeigte ins Zimmer, das meinem Bruder und mir gehörte, und sagte: »Hier bleibst du jetzt drin.« Ich blieb bis zum Morgen und dann noch den ganzen Tag.

Die Nacht kam, und es war Zeit abzuhauen. Zu Fuß ging ich zu unserem alten Versteck, dem Heckenloch. Dort schlief ich, bis es hell wurde. Vorsichtig kam ich hervor, und dann sah ich den Bruder. aus seinem Tümpel steigen. Er lief die Wiese herauf. Seine Tropfenspur glitzerte im Licht der Morgensonne. Er rief: »Du bist tot, ich habe dich gesehen.«

Mit der Straßenbahn fuhren wir heim. Wir kamen gerade rechtzeitig zum Frühstück und erzählten den Eltern alles, aber sie glaubten uns kein Wort.

Beim Schuster

Einmal haben mich meine Eltern zu einem Schuster geschickt. Ich kannte ihn vom Hörensagen. Er sollte meine Füße messen und untersuchen, weil die Eltern der Ansicht waren, etwas gegen mein Leiden tun zu müssen. Doch da die Füße nicht schmerzten und außer Vater und Mutter und dem Schuster niemand etwas Merkwürdiges an ihnen entdecken konnte, mussten sie wohl selbst das Übel sein.

Der Schuster wohnte und arbeitete in einem eingeschossigen Holzhaus, in einer Baracke. Kisten, Fässer und alte Möbel standen um das Gebäude herum. Ich zog an der Glocke, und eine junge Frau öffnete. Ohne ein Wort zu sagen, ließ sie mich eintreten.

Ein nachlässig gemachtes Bett stand neben dem Eingang. Vier, fünf Tische und zahlreiche Stühle erinnerten an ein Wirtshaus. Eine Bretterwand unterteilte den ganzen Innenraum in zwei gleich lange Hälften, dazwischen war ein Durchgang. Schuhe und Schusterwerkzeug waren nicht zu sehen.

Die Haustür ging auf. Ein Mann stampfte sich den Staub von den Schuhen und trat ein. Das musste der Schuster sein.

»Schon da?«, sagte er. »Such dir einen Tisch aus und setz dich drauf. Und zieh die Schuhe aus.«

Ich tat, was er befahl, und wartete. Er schwang sich einen Stuhl unter den Hintern und nahm meine Füße auf die Knie. Er betrachtete sie mit gesenktem Kopf, verglich sie, drückte die Ballen, zupfte an den Zehen und schüttelte mehrmals den Kopf: »Etwas stimmt nicht.«

Er kenne sich auch mit dem Gehör aus, sagte er dann und winkte seinen Gehilfen herbei. Er zeigte auf meine Ohren und schaute ihm in die Augen. Der Gehilfe holte ein kleines, schwarzes Futteral, der Schuster klappte es auf. Ein bitterer Geruch stieg heraus. In roten Samt gebettet, lag ein silbernes Instrument darin. Der Schuster setzte die drei Teile zusammen. Seinen Löchern und Klappen nach zu schließen, musste es eine Flöte sein. Es diente dem Schuster aber auch als Sehrohr. Abwechselnd blies und blickte er mir damit in die Ohren, und die grellen Töne und das Stochern schmerzten gleichermaßen. Ich bat ihn aufzuhören, worauf er befriedigt den Kopf wiegte und sein Instrument zerlegte und verpackte.

Wieder winkte er seinem Gehilfen, der gerade Fenster putzte, machte ein paar weitere Handzeichen, und der Gehilfe verschwand im anderen Teil der Baracke. In Begleitung der jungen Frau kam er zurück.

»Bring dem Jungen eine Tasse Tee«, sagte der Schuster zu ihr. Sie ging in die Küche hinüber, während der Gehilfe sich wieder den staubigen Fenstern zuwandte.

»Ich liebe die Frau meines Gehilfen«, sagte der Schuster zu mir, »und sie liebt mich. Aber davon weiß er nichts. Er ist taub. Das wirst du gleich sehen.« Er drehte sich nach ihm um und rief: »Deine Frau betrügt dich!« Der Gehilfe nahm keine Notiz davon.

Ich stieg vom Tisch herunter, zog mir die Schuhe an und ging zu ihm hin. Ich zupfte ihn am Ärmel, so dass er sich zu mir herabbeugte und ich ihm ins Ohr schreien konnte: »Ihre Frau betrügt Sie mit dem Schuster!« Dann verließ ich die Baracke.

Ich solle bleiben, rief mir der Schuster nach, die Untersuchung meiner Füße und Ohren sei noch nicht abgeschlossen. Mir war das egal, er aber hetzte mir seinen Gehilfen nach. Der packte meine Arme und hielt mich fest. Ich versetzte ihm heftige Fußtritte und schrie gleichzeitig mit aller Kraft um Hilfe. Niemand schien mich zu hören, und während ich schrie, schleppte er mich in die Baracke zurück. Ich beruhigte mich und wartete. Der Gehilfe putzte wieder Fenster, und der Schuster verschwand in der Küche bei dessen Frau.

Beim Lehrer

Und einmal stieg ich frühmorgens über die taunasse Wiese zum Haus meines Lehrers empor, schlich mich hinein und ins leere Kinderzimmer hinauf. Ohne Kleider und Schuhe auszuziehen, kroch ich unter die Bettdecke.

Schlaftrunken betraten der Lehrer und seine Frau das Zimmer. Meine Anwesenheit schien sie nicht zu stören. Als wir uns begrüßten, hielt der Lehrer meine Hand fest und betrachtete mich lange.

Ich bat ihn um Verzeihung, worauf er meinen Kopf aufs Kissen zurücklegte und mich zum Frühstück einlud. In einer halben Stunde würden sie sich an den Tisch setzen. Da ich keinen Hunger hatte und auch keine Lust, das Bett zu verlassen, lehnte ich ab. Er folgte seiner Frau, und ich genoss mein Glück. Gedanken- und bewegungslos lag ich da.

Dann warf ich die Decke zurück, rutschte vom Bett und sah den Schmutz, den meine Schuhe auf dem weißen Laken hinterlassen hatten. Ich lauschte auf das Ehepaar, ging ins Badezimmer und füllte ein Zahnputzglas mit Wasser, um die Schmutzflecken zu besprengen. Mit dem Taschentuch versuchte ich sie aus dem Stoff zu tupfen, und als das nichts half, rieb ich. Aber das machte die Sache bloß schlimmer. Wohin nun mit mir? Aufgeregt öffnete ich Vorhang und Fenster, sah den Hang hinunter, sah die Obstbäume, die Sonne und schließlich meinen Bruder. Ich duckte mich hinter die Fensterbrüstung, nur hatte er mich längst erblickt. Die Eltern hatten ihn ausgeschickt, mich zu suchen, und zielstrebig stieg er durch die Wiese dem Haus des Lehrers entgegen. Er winkte mir mit der Faust.

Was fing ich mit dem Bett an? Das Laken umdrehen? Es entfernen und zusammenfalten? Ich zog an seinen Zipfeln, spannte es, strich es glatt und tröstete mich mit dem Gedanken, der Lehrer sei mein Vater, mein richtiger Vater. Er würde mir nicht böse sein.

Ich ging leise die Treppe hinunter, und ohne mich zu verabschieden, öffnete ich die Haustür.

Draußen erwartete mich mein Bruder und verfluchte mich mit gedämpfter Stimme.

Hochzeit

Manchmal hat der Lehrer uns vier schlechte Schüler, zwei Mädchen und zwei Knaben, abends im Schulhaus zurückgehalten, um uns Nachhilfe zu geben. So wurden wir seine heimlichen Freunde. Diese Stunden waren die schönsten der Schulwoche. Nach getaner Arbeit lud er uns in ein Café ein und spielte Schach gegen uns. Wir gewannen ab und zu, vermuteten aber, er opfere seine Figuren ohne Zwang.

Nur uns verriet er seine Heiratspläne. Fehlte bloß, dass er uns zur Hochzeit einlud. Doch tat er genau das. Wir neckten ihn mit allerlei Späßen. Sein Lachen war mir nicht immer geheuer. Wie leicht wäre es für ihn, einen zu verraten, dachte ich.

Am Vorabend des Festes waren wir die letzten im Schulhaus. Lange sahen wir dem Lehrer bei seinen Schreibarbeiten zu, lenkten ihn ab oder halfen ihm, und er fragte uns immer wieder, ob wir den anderen der Klasse von der Einladung erzählt hätten. Es tat ihm Leid, konnten nicht alle kommen. Aber irgendwann werde sich das wieder gutmachen lassen, sagte er.

Es war schon dunkel und regnete, als wir alle fünf vors Portal traten, neben den Beinen alte Schirme, die andere in der Schule vergessen hatten. Wir gönnten den Schirmen, wieder einmal nass zu werden, und schauten dem Regen zu, der aussah, als sei er aus Gold und Silber. Der Vollmond beleuchtete ihn. Lange standen wir da, ohne uns zu rühren, dann flüsterte Margot: »Das ist der Honigmond.«

Wir gingen über die Freitreppe in den Regen und auf den Platz hinaus. Unter den rauschenden Linden trennten wir uns. Die einen gingen nach links, die anderen nach rechts. Margot und ich teilten uns einen schwarzen Schirm. Er roch nach Schulhaus. Von Zeit zu Zeit senkte ich ihn, und wir sahen zum triefenden Honigmond empor.

Da wir fürs Dienen und Dekorieren begabt waren, hatte der Lehrer uns beide gebeten, die Nacht in seinem Haus zu verbringen und es zu schmücken. Aus bunten Krepp-Papieren stellten wir viele Dutzend Papierblumen her. Wir verknüpften sie zu Girlanden oder klebten sie an die Wände, wo sie Kränze bildeten oder die Namen des Brautpaars. Gegen Mitternacht wies der Lehrer jedem von uns ein Zimmer an, wo wir schlafen sollten. Meines erinnerte mich an meine Lieblingskammer im längst geschleiften Haus der Großmutter.

Nachts träumte ich, im Nachbarzimmer an Margots Bett zu sitzen. Ich streichelte ihr Gesicht. Als ich eine Träne spürte, erwachte ich auf einen Schlag. Ich stand auf und tappte zum Fenster. Ein prächtiger Tag kündigte sich an. Über der Wiese schwebte ein feiner Nebel. Ich legte mich noch einmal ins Bett und träumte von der Hochzeitskutsche, einem langen, von vier Pferden gezogenen Wagen, auf dem das Brautpaar und alle Gäste saßen. Nur ich hatte zu lange geschlafen, das Frühstück und den Empfang verpasst, an dem ich als Page hätte teilnehmen sollen. Ich rannte hinter der Kutsche her, bis ich vor Anstrengung erwachte.

Zu dritt saßen wir beim Frühstück. Margot und ich gratulierten dem Lehrer, und ich streckte ihm einen Brief hin, den mir die Eltern mitgegeben hatten. Wir hielten mit Kauen inne, als wir einen Motor und Türenschlagen hörten. Der Lehrer schickte uns vors Haus. In einem geschmückten Auto waren die Braut und ihre Eltern vorgefahren. Wir begleiteten sie hinein.

Hatte es am Vorabend geregnet, so schien am Hochzeitstag die Sonne als ein dicker, greller, weißer Fleck in die aufgeräumte Stadt. Viele Jahre sind seither vergangen. Der Lehrer hat sich inzwischen scheiden lassen und ist Bankangestellter geworden.

Anna

In Annas Straße stank die Nylonfabrik, durch ihre Straße fuhr die Lokomotive der Gießerei. Ihr Haus war das älteste rundum, ein Holzbau, Scherben davor, Katzen.

Ehe sie eintrat, gab sie uns die Hand, und wer sie auf den Mund küssen wollte: nur zu. Wir waren sechzehn und wollten Fußball-spieler werden, richtige, mit Vertrag und Einkommen. Täglich trainierten wir. Wie einen Gegenstand nahm ich Annas Hand in die meine. Die anderen profitierten alle und küssten sie auf den Mund. Ich nicht. Wenn wir mal allein sind, dann sicher, dachte ich.

Bald darauf nahm der Dachdecker Reber sie nach Hause. Nachts auf der Gasse hatte er sie angequatscht, sie trieb sich dauernd herum. Nicht scheu, nahm er sie zu sich. Sie übernachtete im Büro, und am anderen Tag blieb sie bei den Rebers, half der Frau im Haushalt. Mit ihren Eltern wurde alles geregelt, sie verdienten wohl daran.

Ich ging nun oft zu den Rebers heim. Da saßen wir zu zweit in der Küche beisammen, Anna und ich, und manchmal war Raimund dabei, ihr kleiner Bruder. Reber und seine Frau kamen und gingen. Reber war frech. Wenn es ihm passte, fummelte er an Anna herum, und sie ließ ihn gewähren. Seine schwangere Frau schaute zur Seite, schüttelte höchstens den Kopf.

Einmal blieb ich bis nach Mitternacht. Alle waren schon im Bett, aber Anna und ich redeten noch. Zuletzt begleitete sie mich zur Haustür hinab. Sie streckte mir die Hand hin, und nun merkte ich, wie weich die war.

»Kommst du wieder einmal?«, fragte sie, obwohl ich häufig dort war. Ich gab keine Antwort und nahm mir vor, sie das nächste Mal einfach mitzunehmen. Zusammen würden wir abhauen.

Nachdem Rebers Frau gestorben war (es hieß, sie habe sich das Leben genommen), wurde Anna seine Freundin. Da ging ich allein weg. Es war Zeit, eine richtige Arbeit zu suchen. Die Lust am Fußballspielen hatte ich verloren.

Maria

Ihr Haus hatte eine Gegensprechanlage und Treppen aus Marmor. Ein roter Teppich führte vom Eingang zum ersten Absatz hinauf. Nach Mitternacht saßen wir dort, waren ausgegangen, nun redeten wir. Mit neunzehn denkt man sich noch vieles und hat sich etwas zu erzählen. Von Zeit zu Zeit stieg ein heimkehrender Hausbewohner wortlos an uns vorbei. Wir drückten uns gegen die Wand, um ihm Platz zu machen. Unsere Oberarme berührten sich.

Ich wollte mich verabschieden, deshalb standen wir bei der Haustür. Sie war aus Glas, Dunkelheit füllte sie und machte einen Spiegel aus ihr. Wir blickten uns darin an. So kamen wir uns immer näher, bis sich unsere Schläfen berührten.

»Gehen wir in dein Zimmer?«, fragte ich sie.

»Das ist nicht möglich.«

Ich wusste es. Ihre Mutter würde es nicht dulden. Ich lernte diese Frau nie kennen. Für mich blieb sie immer die krächzende, unwirsche Stimme, die aus dem kleinen Gitter bei den Klingel-knöpfen kam, unten vor der verschlossenen Tür.

»Chi è?«, hieß es bloß, »wer ist da?« Dann sagte ich meinen Namen und wartete auf Maria.

Wir gingen zum Bahnhof, zu Fuß, ein Auto hatte ich damals noch nicht. Es war Ende Februar, die Luft war schon lauwarm. Mit dem Zug fuhren wir aufs Land hinaus, gingen durch ein Dorf. An dessen Ende bogen wir in die Hügel ab. Sie trug einen grünen Pullover, ich eine Lederjacke. Ich habe sie heute noch, Marias Pullover ebenfalls.

Neuigkeiten

Bei der Post traf ich einen alten Bekannten und wunderte mich, fiel mir sein Name nicht mehr ein. Wir begannen zu reden. Wahrscheinlich waren wir miteinander zur Schule gegangen und hatten später in denselben Kneipen verkehrt. Er hatte noch immer schulterlange braune Haare und kein graues darin, war ein schöner Mann mit Backenbärtchen. Wir sprachen darüber, was wir im Leben bisher getrieben hatten. Herumgejobbt hätte ich bloß, sagte ich und tippte mir an die Stirn: »Weil ich meinen Kopf nie lange ausleihen mag.« Er lachte, aber ich merkte, dass er von meinen Ideen nicht viel hielt. Gewiss ließ er gelten, dass einer sich verweigerte und denen da oben nichts Gutes wünschte, aber für ihn wäre das kein Leben gewesen – so legte ich sein Lachen aus.

»Auch ich bin kein Yuppie geworden«, sagte er, »aber ich gebe mir Mühe mit den Menschen, ich importiere ihre Briefe. Ich importiere sie, und dann ediere ich sie.«

Mit dem Daumen deutete er über die Schulter aufs Postgebäude, und nun sah ich das Büchergestell, das hinter ihm an der Mauer lehnte. Darin standen seine Briefeditionen. »Schau sie dir an und nimm, was dir gefällt. Ich muss an den Schalter und sehen, was es Neues gibt.«

Ich nahm eines dieser in Leder gebundenen Bücher in die Hand, schlug es auf und suchte nach dem Namen des Herausgebers. Kurt hieß er, wie hatte ich das vergessen können! Ich erinnerte mich, dass er mir einst aus Thailand ein paar Briefe geschrieben hatte, und nahm mir vor, zu Hause nach ihnen zu suchen und sie ihm zu bringen. Vielleicht konnte er etwas anfangen damit, vielleicht wollte er gelegentlich seine eigenen Briefe edieren.

Mein Blick überflog die Bücherreihen und blieb am Namen meines Bruders hängen. Seit Jahren hatte ich nichts von meinem Bruder gehört, und nun gab es da ein ganzes Buch voll Neuigkeiten! Ich nahm es an mich, winkte Kurt durch die Glastür zu und eilte voller Wissbegier nach Hause.

Kostprobe

Einmal habe ich Einblick in den Werkzeugkoffer eines Menschenfressers genommen. Neben einem Gewehr mit Zielfernrohr und chirurgischem Besteck fanden sich darin Personalausweise, Stadtpläne und Mundvorrat für mehrere Tage, das heißt Trockenfleisch und Ragout, alles sauber in Plastikfolie vakuumiert, alles abgewogen, beschriftet und – vom Menschen. Ich ließ mir die Gelegenheit nicht entgehen, eine Antwort auf die Frage zu erhalten, die ich schon meinen Eltern gestellt hatte: Wie schmeckt Menschenfleisch?

Ich selbst bin seit langem Vegetarier, doch dieses Mal war die Wissbegier stärker als das Prinzip, und mit Hilfe eines Skalpells aus dem Werkzeugkoffer öffnete ich einen Beutel Ragout. Zuerst tauchte ich den Zeigefinger in die Sauce und leckte ihn ab, dann klaubte ich mir ein Stück Fleisch heraus und befriedigte meine alte Neugier. Es war wie Ehebruch und die Aufregung dabei die wirkliche Lust, so dass ich jetzt unfähig bin, zu schildern, wie Menschenfleisch schmeckt. Es ist Fleisch, mehr kann ich nicht sagen und werde ich wohl auch später nicht sagen können, bin ich doch überzeugt, dass ich niemals wieder der Versuchung erliegen werde, welches zu essen.

Als meine Zähne auf eine dicke Schicht Fett stießen und meine Zunge sie befühlte, empfand ich jähen Ekel. Ich spuckte den Bissen aus und meinte, mich gar übergeben zu müssen. Dann aber hörte ich Schritte, schloss geschwind den Koffer und schlich davon. Die angebrochene Packung Ragout stopfte ich in einen Abfalleimer, das Skalpell steckte ich in die geräumige Innentasche meiner Jeansjacke.

Verbrechen

An einem Feiertag besuchte ich sie. Wir hatten uns lange nicht gesehen. Sie entschuldigte sich dafür, nichts Essbares eingekauft zu haben, aber ich hatte keinen Hunger, ich wollte sie küssen. Ich spielte mit ihren Brüsten und hatte eine lange Reise hinter mir. Sie war Chirurgin geworden, ich war ein schlechter Schüler gewesen und machte die verschiedensten Sachen, auch Einbrüche. Sie half mir manchmal, die Beute zu verstecken, und das wusste auch mein Kumpan.

Gegen halb elf klingelte er, und da wir nicht öffneten, drückte er die Tür ein. Mit einer Pistole in der Hand stand er im Flur. Ich war nackt bis auf die Brille, die Ärztin hatte sich einen Mantel umgelegt.

»Wo ist die Ware?«

»Du hast deinen Anteil längst bekommen«, gab ich zur Antwort. Er wiederholte seine Frage und trat näher mit seiner Pistole. Ich durfte Hemd und Hose anziehen, und meine Braut holte ein zusammengefaltetes Blatt Papier aus der Manteltasche. Ich nahm es ihr aus der Hand und reichte es ihm. »Hier, der Schatzplan.«

Der Kumpan entfaltete ihn, warf einen Blick darauf und sagte zu meiner Freundin: »Du gehst voran.« Ich musste ihr folgen, die Mündung der Pistole auf der Wirbelsäule. Die Ärztin öffnete die Panzertür und schloss sie wieder, sobald wir alle drei in der Gefrierkammer standen. Rotes Licht brannte darin, es war wie in einem Fotolaboratorium. Die Kälte machte uns das Atmen schwer.

In Aluminiumfolie eingehüllt, lag eine Leiche auf dem Operationstisch. Der Kumpan hielt mir die Pistole vors Herz, mit der anderen Hand zeigte er auf die Brust des Toten. »Aufmachen! Los jetzt, ich habe keine Lust, hier festzufrieren.«

Ich hob sachte die Folie und entblößte die Leiche. Es war ein Mann in unserem Alter. Die Ärztin machte sich mit dem Skalpell an ihm zu schaffen, schnitt einige Nähte auf, hob dann die obere Hälfte des Brustkorbs in die Höhe und legte sie mir auf die Arme. Die Brust des Toten war hohl. Herz, Lunge, Speiseröhre fehlten, doch war sie mit Muschelschalen, Perlen und vielen Brillanten gefüllt.

Die Pistole zitterte an meiner Schläfe. Eisig hart lagen die Rippen des Toten auf meinen Armen. Die Kälte brannte auf der Haut, sie schmerzte in Kehle und Lunge.

Freudig, gierig beugte sich der Kumpan über den Schatz. Als er nach einem Brillanten griff, schoss das Skalpell aus dem roten Halbdunkel, drang lautlos in seinen Hals ein und zeichnete eine lange, tiefe Spur in dessen Fleisch. Weißlich schimmerndes Blut quoll in ergiebigen Stößen hervor. Es dampfte, als koche es. Der Kumpan versuchte die freie Hand zum Hals zu heben, und mit dem Zeigefinger der anderen löste er einen Schuss aus, der mich verfehlte. Langsam sank er neben dem Operationstisch zu Boden. Auf der weißen Blutlache bildete sich eine Eishaut, sein blutiges Hemd wurde steif, seine Wunde starr. Die Ärztin strich ihm die Lider über die Augen, dann kehrten wir endlich in die Wärme zurück.

Fremdsprache

Heute hätte meine Hinrichtung stattfinden sollen, ist aber verschoben worden. Ein technischer Defekt.

Ich war bereit zu sterben. Ich bereute nur, nie die Landessprache gelernt zu haben, denn ich hatte plötzlich Lust, das Urteil im Original zu lesen. Sonst gab es nichts, was ich bereut hätte.

Gestern führte mich der Wärter Christopher in den Aufenthaltsraum des Gefängnispersonals. Ein Kaffeeautomat hängt dort an der Wand, ein paar freundlich aussehende Tische sind im Raum verteilt, Lehnstühle stehen die Wände entlang. An einem der Tische saßen der Gouverneur und meine Anwältin sowie ein weiterer Herr, den die Anwältin mir als Vollstreckungsbeamten vorstellte. Ich sagte guten Tag und nickte in die Runde. Meine Hände steckten in Handschellen. Auf dem Tisch, an dem die drei saßen, lagen eine Axt und ein himmelblaues Kissen, von Blutspritzern gesprenkelt. Neben dem Tisch stand ein Weidenkorb. Für den Kopf, dachte ich.

»Der elektrische Stuhl ist außer Betrieb«, sagte die Anwältin in meiner Sprache zu mir, »deshalb möchten wir Ihnen jetzt zeigen, wie es morgen zu- und hergehen wird.«

Der Gouverneur machte ein unglückliches Gesicht. Früher soll er Anwalt gewesen sein und Angeklagte verteidigt haben, sagte mir meine Anwältin einmal. Seine Klienten konnten sich milde Richtersprüche erhoffen, doch jetzt unterschreibt er Todesurteile.

Eine Frau kam herein. Sie trug eine blaue Arbeitsschürze, grüßte zu uns herüber, ging zum Kaffeeautomaten und steckte ein paar Münzen in den Schlitz. Während sie auf ihren Kaffee wartete, starrte sie uns an. Mit dem braunen Becher zwischen den Fingerspitzen kam sie her. Sie stellte ihn neben das Kissen, betastete es und strich über die Blutspritzer, als wolle sie herausfinden, ob sie noch feucht seien. Dann beugte sie sich zum Korb hinab und steckte ihre Nase hinein, schnüffelte gut hörbar. Mit rotem Kopf sagte sie etwas und verzog das Gesicht. Sie schien sich zu ekeln.

Dann befühlte sie die Schneide der Axt und schüttelte den Kopf. Wahrscheinlich war sie ihr zu wenig scharf. Die Anwältin und der Vollstreckungsbeamte schwiegen, der Gouverneur zog die Lippen verächtlich in die Breite und räusperte sich bedeutungsvoll. Ohne etwas zu erwidern, griff die Frau nach der Axt. Der Beamte versuchte sie daran zu hindern, aber sie war schneller. Sie ging mit ihr zum orangefarbenen Abfalleimer und trat aufs Pedal. Der Deckel schnappte auf, und sie ließ sie fallen. Ein fast schmerzhaft lautes Scheppern war zu hören. Die Frau blickte noch einmal zu uns herüber, dann ging sie wortlos zur Tür hinaus. Kurze Zeit später erschien sie noch einmal und holte sich ihren Kaffee.

Christopher führte mich in meine Zelle zurück. Später kam die Anwältin, um mir mitzuteilen, die Hinrichtung sei verschoben worden. Sie hat mir auch einen Sprachkurs gebracht, ein Buch mit Tonkassette, dazu einen Recorder.

Ich habe sogleich im Wortregister geblättert. Anwalt, Gericht, Strafe – diese Wörter kommen darin nicht vor, nicht einmal Verbrechen oder Delikt. In diesem Buch ist nur von Reisen, Staubsaugern, Desserts und Ähnlichem die Rede.

Keine Zeit für Hausierer

Erinnerungen an ein Tagebuch

Es war der 23. Januar, am Tag zuvor war ich sechzehn Jahre alt geworden. Ich blätterte in dem leeren Buch, das mein Vater mir zum Geburtstag geschenkt hatte. Zusammen waren wir in ein Schreibwarengeschäft gegangen, und ich hatte mir einen Blindband ausgelesen. Er war in Leder gebunden und hatte einiges gekostet.

»Gestern bin ich sechzehn Jahre alt geworden, so alt wird kaum je ein Hund«, schrieb ich in mein neues Tagebuch. Später schenkte ich es Anna.

Anfang Februar träumte ich von ihr, bei Billy, denn die schönsten Träume erwarten einen in fremden Betten. Billy arbeitete im Verlag, in dem Anna und ich lernten, sie im zweiten, ich im ersten Jahr. Sie war ein paar Jahre älter als ich und die flinkste Maschinenschreiberin des ganzen Betriebs. Billy schien sie nicht zu mögen und nannte sie »Rebers Hure«.

»Sie ist ein Proletariermädchen und verkauft sich diesem Ausbeuter!«

Er spielte seine Bluesplatten ab, und wir tranken. Ich freute mich, erwachsen zu werden, obwohl ich mir alt vorkam. Er stellte mir ein Zimmer zur Verfügung. Es war überheizt. Die Hitze, der Schnaps und das Schlechte, das er über Anna erzählt hatte, hielten mich lange wach. Ich nahm sie in Schutz. Dann hatte ich einen jener Träume, die man vielleicht alle fünf oder bloß alle zehn Jahre hat. Sie sind vom Besten, was einem im Leben passieren kann.

Bis zu jenem Traum hatte ich mir über Anna kaum Gedanken gemacht. Mir war zwar aufgefallen, dass sie ähnliche Augen wie eine Kusine hatte, in die ich mich im Jahr zuvor während der Ferien verliebt hatte. Aber ihr kleiner, kleinlich wirkender Mund hatte mir nicht gefallen, er sah nach übler Nachrede aus. An meinem ersten Arbeitstag stellte der Abteilungschef uns einander vor.

»Ich bin sicher, wir werden uns nicht vertragen«, sagte sie, reichte mir die Hand und setzte sich wieder an ihren Tisch. Im Nebenraum faltete ich eintausend Kundenbriefe und steckte sie in Umschläge mit scharfen Kanten. Ich schnitt mich mehrmals und sog mir anschließend das Blut aus den Fingern, und zweimal schmatzte ich so laut, dass Anna mir etwas zurief. Von Zeit zu Zeit blickte sie bei mir herein, streckte sich und stöhnte: »Auch so müde wie ich?« Ich nickte.

Im Traum, den ich bei Billy hatte, lagen wir Seite an Seite in einem Bett und regten uns kaum, eine überflüssige Bewegung hätte aus dem Glück einen Schmerz gemacht. Ich erwachte, als Billys Katze in ihrer Kiste kratzte. Schloss ich die Augen wieder, war Annas Gesicht vor meinem Mund. Zum Frühstück aß ich ein Ei und etwas Brot, ganz langsam und sachte, als wolle ich nicht zerstören, was ich mir einverleibte. Billy verschwieg ich den Traum.

Als ich an jenem Morgen ins Büro kam, saß Anna bereits an ihrem Tisch und tippte Rechnungen. Fast hätte ich mich neben sie gesetzt und sie geküsst. Mir schien, wir hätten beide vom selben geträumt, und lachte ihr zu. Mittags gingen wir zusammen spazieren. Sie trug einen großen schwarzen Hut, mit dem sie auffiel. Ich war stolz, an der Seite einer eleganten Frau durch die Stadt zu gehen, aber sie fühlte sich krank. Am Nachmittag war sie fast sicher, es zu sein, deshalb kaufte ich ihr in der Apotheke gegenüber ein Thermometer. Sie schob es sich in den Mund und hatte tatsächlich Fieber. Ich legte den Handrücken an ihre Stirn und bestätigte das Ergebnis.

»Hättest du mich doch einmal besucht«, sagte sie, als sie nach ihrer Krankheit wieder ins Büro kam. Abends begleitete ich sie nach Hause. Wir fuhren auf kalten, beschlagenen Fahrrädern nebeneinander her, und ich verstand nicht alles, was sie sagte, weil ihre Stimme noch schwach war. Sie hatte eine Lungenentzündung hinter sich und sagte, mein Gesicht erinnere sie an einen Hund: »Wenn ich dich mit einem Tier vergleichen müsste, wäre es mit einem Hund.«

»Und du bist ein entlaufenes Kind«, sagte ich. Seit einiger Zeit lebte sie nicht mehr bei ihren Eltern, sondern beim Dachdecker Reber, was Billy bekanntlich missfiel. Ich küsste sie auf die Wangen und fand sie nicht mehr schön. Vielleicht hatte mich der Vergleich mit dem Hund verstimmt. Sie ging ins Haus, ich fuhr zum Bahnhof hinab und betrat das Pissoir. Dort stand ein Ofen, in dem Kohlen glühten. Ich lehnte mich an ihn und wärmte mich. Meine dicke Jacke verhinderte, dass ich mich an ihm brannte. Ich rauchte eine Zigarette, das half gegen den Uringestank. Ein Mann kam herein, knöpfte sich Mantel und Hose auf, und während er sein

Wasser in die Rinne laufen ließ, fragte er: »Willst du dir was verdienen?« Er drehte den Kopf nach mir. Ich verneinte.

»Aber wir könnten zusammen was trinken«, schlug er vor. Da ich keine Lust hatte, nach Hause zu gehen, folgte ich ihm in seine Wohnung, ein Zimmer mit Kochnische und Dusche. Der Boden bestand aus Kunststeinfliesen, von denen eine feuchte Kühle aufstieg. Er führte mich zum Bett. Es war ungemacht, braune Wäsche. Ein gelbes Handtuch lag auf dem Kopfkissen. Er bückte sich zum Nachttisch nieder und holte einen Stapel Hefte daraus hervor. Ich solle es mir bequem machen und mir die Sachen anschauen, sagte er, dann holte er Bier, füllte zwei Gläser, und wir stießen an. Er sah harmlos aus. Als Kind hatte ich mir den Mann so vorgestellt, der unter Gewand und Bart des Nikolaus steckt: ungefährlich und gewöhnlich. Er saß neben mir auf dem Bett und musterte mich mit billiger Rührung. Die Hefte interessierten ihn nicht. Nach ein paar Schlucken kam er mir nah. Er drückte und rieb behutsam, und es war mir nicht unangenehm, er machte mir nur, was ich mir selbst gemacht hätte, wäre ich allein gewesen. Ich hörte seinen Atem neben mir und sein spitzes Lachen und konnte doch nicht mehr wegsehen von den Bildern. Mit nasser Hose verließ ich die Wohnung. Der Wind blies mir kalt zwischen die Beine, als ich auf mein Fahrrad stieg.

Am 28. März wollte ich Anna besuchen. Die Vögel hatten die Sprache wieder gefunden, der Himmel lag in dicken Wolkenkissen, und ich stand vor ihrem Haus, sah daran empor, dachte mir, dass es ein paar Meter seien, die zwischen mir und ihr waren, nichts als das. Ich flüsterte ihren Namen und glaubte, sie werde am Fenster erscheinen. Nichts geschah. Dann klingelte ich. Im Treppenhaus ging das Licht an, Schritte waren zu hören.

Reber sperrte die Haustür auf. »Komm rein«, sagte er. Wir gingen die Stiegen hoch.

Anna saß vor dem Fernseher, und ich setzte mich neben sie. Die Beine hatte sie übereinander geschlagen. Als ich ihre nackten Füße sah, errötete ich. Sie sagte, sie müsse das Geschirr abwaschen. Ich folgte ihr in die Küche und sah ihr bei der Arbeit zu, die Hände in den Hosentaschen. Es roch nach Zwiebelkuchen. Später setzten wir uns an den leeren Küchentisch, sprachen über die neuen Schreibmaschinen, die der Verlag angeschafft hatte, und dann holte ich meine Mappe, die bei der Eingangstür stand. Ich nahm mein Tagebuch hervor, legte es auf den Tisch. »Das ist für dich. Etwas zum Lesen.«

Sie strich mit der Hand über den Ledereinband und sagte, ihr Bruder sei vor zwei Tagen bei der Arbeit vom Dach gestürzt. Ein Unfall, es stehe in der Zeitung. Reber habe es ihr vorgestern Abend gesagt, dann sei sie zu ihren Eltern gelaufen und habe ihnen die Nachricht überbracht. Sie habe ihre Mutter in die Arme genommen und getröstet. Der Vater aber habe den ganzen Abend lang nur herumgeschrien.

Ich schwieg, und nach einer Weile fügte sie hinzu: »Aber es war wohl kein Unfall. Ich glaube, es war Mord. Und Reber ist der

Mörder.« Sie sprach laut, Reber konnte sie mühelos hören. Er kam in die Küche, der Film war zu Ende, und dann strich er ihr mit der einen Hand über den Kopf, während er in der anderen eine Zigarette hielt. Auf Annas Gesicht ging nichts vor. Als er um den Türpfosten verschwunden war, sagte sie: »Es ist seltsam, zu einer Familie zu gehören, in der ein Mord passiert ist, und noch seltsamer, mit dem Mörder unter einem Dach zu leben.«

Reber war bereits im Bett, als ich mich verabschiedete.

»Ich werde ein wenig in deinem Tagebuch lesen«, sagte Anna und begleitete mich auf den Holzstiegen zum Ausgang hinab.

Eine Woche später besuchte ich sie noch einmal.

Wieder kam Reber öffnen, barfuß, kauend. »Wir essen gerade«, sagte er.

Anna sah fern und spießte mit der Gabel bleiche Nudeln auf. Den Teller hatte sie auf ihren Knien liegen. Als er leer war, ging sie mit ihm in die Küche und legte ihn in den Schüttstein, ließ Wasser darüberlaufen. Der Film war noch nicht zu Ende, aber sie sagte: »Gehen wir ins Büro.«

Dort gab es einen großen Tisch und zwei Stühle, und wir nahmen Platz. Ich klemmte mir den Kopf zwischen die Hände, um vor Anna zu verbergen, wie sehr er zitterte. Mir wurde übel vor Lust, sie zu berühren. Sie grub mein Tagebuch unter allerlei Papieren hervor und sagte, sie benütze es jetzt als Gästebuch, drei Viertel waren noch leer. Wer sie besuchen kam, zeichnete und schrieb von hinten her etwas hinein.

Sie reichte mir Farbstifte. Ich versuchte sie zu porträtieren, begann mit den Lungenflügeln, zeichnete den Mund, aber er gelang mir nicht. Die Augen ließ ich gleich bleiben, »sie sind zu schön«, sagte ich. Anna hörte es, ohne mit den Wimpern zu zucken. Dann kam ihr Herzschlag an die Reihe. Ich bat um ihr Handgelenk, suchte ihren Puls, fand ihn mit dem Daumen. Er war schwach und eher langsam, gut versteckt unter der mehligen Haut. Ich hielt ihre Hand lange fest und zeichnete ihren Herzschlag, lange Zackenlinien gingen übers Papier und später Wellenlinien. Meine Augen waren geschlossen.

Als wir um elf Uhr die Treppe hinuntergingen, legte ich einen Arm auf ihre Schultern, aber sie machte sich sogleich los. Ich sagte, dass ich sie liebte.

»Ich weiß. Ich habe dein Tagebuch gelesen. Und du weißt, wer ich bin. Billy hat dir doch gesagt, ich sei Rebers Hure. Aber warte.« Sie holte einen Zettel aus der Gesäßtasche. Darauf stand, wo wir uns treffen konnten.

Unsere Betten

Als ich nach Hause kam und die große, dunkle Küche betrat, lag meine Schwester reglos auf dem Fliesenboden. Sie trug ihren Wintermantel, die Haare bedeckten das Gesicht. Am Handgelenk suchte ich ihren Puls, er ging heftig und schnell, und sie sagte leise, ihr sei übel. Sie roch nach Bier und Erbrochenem.

Ja, sie sei bei ihrem Freund gewesen, antwortete sie auf meine Frage. Der war sechs Jahre älter als sie und fror nie. Im Winter trug er bloß etwas wärmere Kleider, damit er auf der Straße nicht auffiel. Ebenso gut hätte er im Unterhemd durch die Stadt marschieren können. In der Unterhose habe er am Tisch gesessen und Suppe gelöffelt und dann ein Huhn verzehrt, sagte sie mit ruhiger und außergewöhnlich tiefer Stimme. Ich strich ihr die verklebten Haare aus dem Gesicht.

»Wo sind die Alten?«

»Weiß nicht.«

»Willst du schlafen?« Sie antwortete mit einem leisen Rachenlaut. Ich trug sie zu ihrem Bett, legte sie auf die Decke und knöpfte sie aus dem Mantel, holte einen nassen Waschlappen und wischte ihr damit über Mund und Stirn. Ein Insektenflügel klebte an ihrem Kinn. Ich ließ ihn, wo er war. Sie war zufrieden. Wenn sie getrunken und erbrochen hatte, war sie meist entspannt wie ein gestillter Säugling.

Früher hatten wir uns ein Zimmer geteilt. Das eine Bett war aufs andere montiert gewesen, sie schlief oben, ich unten. Das Kajütenbett war damals unser Schiff. Manchmal fiel ich über Bord und trieb neben ihm her. Ich verlor den Schlafanzug in den Fluten, wand mich, drehte mich vom Bauch auf den Rücken, vom Rücken auf den Bauch, der raue Teppich rieb an der Haut, Staub kitzelte in der Nase, und ich kämpfte im Halbdunkel gegen die Wellen, das Ertrinken. Die Schwester schaute von oben herab zu. Manchmal ertrank ich und war tot, bis es mich fror. Dann kehrte ich ins Bett zurück und zog mich an.

In einer jener Nächte ging die Tür auf, ging das Licht an. Grelle Wirklichkeit, mit einem Schlag. Nackt und unübersehbar lag ich vor der Mutter auf dem Boden. Die Beine schnellten zum Rumpf, und ich drehte mich auf die Seite, schloss die Augen. Die Lider bebten.

»Was geht hier vor?«

»Ich kann nicht schlafen.«

»Du Ferkel«, sagte sie bloß, löschte das Licht und verließ das Zimmer. Dann Stille. Niemals mehr war vom Vorgefallenen die Rede.

Am anderen Tag demontierten die Eltern unsere Betten. Das Bett der Schwester stellten sie in ihr Zimmer, hinter Mutters Bett, und das des Vaters in unser Zimmer, vor meines. Von da an schliefen Schwester und Mutter im einen, Vater und ich im anderen Zimmer.

Die Schwester war eingeschlafen. Ich saß noch an ihrem Bett, in der Hand den warm gewordenen Waschlappen. Aus dem Treppenhaus waren Schritte zu hören. Ich stand auf, ging ins Bad und schloss mich ein.

Maria

Einmal träumte ich, einen Brief von Maria Calabro in der Hand zu halten. Ich öffnete ihn und fand nichts als einen Zettel, auf dem mein Name stand.

Maria Calabro arbeitete nicht in derselben Abteilung wie ich, und so gab es selten eine Gelegenheit, sich ihr ohne Vorwand zu nähern. Meist sah ich sie vormittags, wenn sie die Post verteilte oder wenn sie von einer Besorgung zurückkehrte und durch den Haupteingang trat. Manchmal lächelte sie mir zu, und ich errötete. War sie dann nicht mehr zu sehen, machte ich allerlei kindische Späße.

An der Pinnwand hing eine Zeit lang eine Postkarte, die sie aus ihren Sommerferien geschickt hatte. Eine Strandansicht. Ich betrachtete die Karte genau.

»An Ihrer Stelle hätte ich das Flugzeug genommen«, sagte der Schaffner. Ich fuhr mit der Eisenbahn nach Kalabrien. Und mein Reisegefährte im Liegewagen sagte: »Ach, nach San Giorgio wollen Sie.« Er sei ganz in der Nähe davon aufgewachsen. Schön gelegen, ein lang gezogenes Hügeldorf mitten in den Wäldern. Es sei bekannt für sein Bergamottenparfum, zwei Parfumfabriken gebe es dort.

Die Lokalbahn war gelb und rot, grün und silbergrau. Schmalspur, Dieseltraktion, bis in die siebziger Jahre hinein gab es Dampf. Die Bahn sei eine Besonderheit der Gegend, sagte der

Beamte am Schalter, »ma sta morendo«, aber sie liege im Sterben. Das Billett nach San Giorgio kostete wenige Lire. Die Strecke maß 27 Kilometer.

Der Himmel hatte sich bedeckt. Der Triebwagen schnarchte in der Hitze. Ein Angestellter füllte Kühlwasser ein. Ich stieg in den Wagen und öffnete ein Fenster. Fahrer und Zugführer kamen auf dem Bahnsteig daher, der eine in Zivil, mit pomadisiertem Haar, Sonnenbrille und Bügelfalten, der andere in stahlblauer Uniform. Seine Frisur war beinah makellos. Am Hinterkopf hatte der Rand der Mütze eine Furche im Haar hinterlassen.

Der Wagen durchquerte die gemächlich ansteigende Ebene, ihre Oliven- und Zitrusgärten. Unzählige Feldwege liefen übers Gleis. Ein Auto rollte rückwärts von den Schienen, als der Zug wütend pfiff. Vor einer Ziegenherde machte er Halt. Und wieder Wälder glänzender Olivenbäume, dazwischen verfallene Bahnhöfe mit Back- und Toilettenhäuschen. An den größeren Orten arbeiteten Barrierenwärterinnen. In einem Stationsgebäude saßen Bahnangestellte beim Kartenspiel.

Der Zug fuhr auf hohen Brücken über ausgetrocknete Bäche hinweg und hielt in San Giorgio an. Ich half einer kleinen, alten Frau, ihren schweren Korb aus Kastanienholz auf den Kopf zu heben. Sie sagte: »Grazie assai« und ging davon.

Schienenhöhe beim Bahnhof: 331,90 Meter über Meer. Kein Personal, eingeschlagene Scheiben, hellblaue Buchstaben auf der ockerfarbenen Fassade: *San Giorgio*. Da war ich nun.

Es begann zu regnen. Ich zog mich in den Warteraum zurück und aß auf, was mir von meinem Reiseproviant geblieben war. Der Regen schwoll an, ein schweres, betäubendes Rauschen. Immer wieder krachte der Donner aus den nahen Bergen herab. Ich verbrachte die Nacht im Warteraum. Auf einem beschädigten Stuhl war ich eingeschlafen.

Erst am anderen Tag machte ich mich auf den Weg ins Dorf. Drei kleine Jungen hielten mich auf. Der eine wollte wissen, wie ich hieße, ob ich allein reiste, ob ich mein altes Zuhause besuchen käme und ob ich niemanden hätte auf der Welt: »Non hai nessuno al mondo?« Und indem er auf seinen Kameraden zeigte, fragte er, ob ich den da wolle, der habe auch niemanden auf der Welt. Dieser aber wurde zornig und stieß ihn zu Boden und bedeckte sich das Gesicht mit dem Arm. Der dritte Junge wollte wissen, wie meine Frau heiße.

»Maria«, gab ich Auskunft.

Am Nachmittag begann der Regen von neuem. Das Wasser kam über die Treppen und durch die langen Passagen und die steilen Gassen geflossen, die bisweilen so eng waren, dass es schien, sie seien für Kinder angelegt worden. Böen zerrten an meinem Schirm, die Kleider waren feucht. Am Dorfplatz, der Post gegenüber, gab es eine Bar. Ich trat ein. Sie war leer bis auf den Kellner, einen großen Mann mit ergrauenden Haaren.

»Come mai da queste parti?«, fragte er – was mich bloß in diese Gegend führe. Ich wolle mir das Dorf ansehen, sagte ich. Nein,

72

nicht Franzose, sondern Schweizer. Der Mann servierte mir einen Kaffee. Touristen verschlage es selten nach San Giorgio. Im Sommer kämen die Ausgewanderten, um bei ihren Verwandten die Ferien zu verbringen. Die blieben ein paar Wochen, und vielleicht kämen sie dann an Weihnachten oder Ostern wieder. In der Schweiz gebe es viele von ihnen, besonders in Olten. »Und woher kommst du?«

»Aus Jerolam.«

»Jerolam? Dort arbeitet auch einer von hier. Vielleicht kennst du ihn.«

»Wie heißt er?«

»Calabro.«

»Ich kenne seine Tochter«, sagte ich nach einem Zögern.

Das Wetter hatte sich beruhigt. Ich ging langsam auf der gewundenen Fahrstraße, die in die Wälder führte und über die Berge hinüber zum Ionischen Meer. Da und dort bückte ich mich und klaubte kleine, glänzende Kastanien aus den stachligen Schalen, die der Wind auf den Asphalt geworfen hatte. Immer wieder stellte ich mir vor, wie ich Maria eine Handvoll Kastanien reichen würde. »Aus deinem Dorf«, würde ich ihr sagen und vom Unwetter erzählen, in das ich dort geraten war.

Aus einer Lichtung sah ich auf die dunkle Ebene hinab und aufs Thyrrenische Meer. Stromboli schwamm auf dem Horizont, ein rauchender Kegel. Im Süden stand der Aspromonte mit seinen fruchtbaren Terrassen und waldigen Gipfeln.

Als ich abends auf den Zug wartete, war der Himmel wieder klar, und der Zug hatte Verspätung. Die Lichter des Bahnhofs gingen aus. Zwei Männer warteten ebenfalls.

»Ci sarà guasto«, wohl eine Panne, sagte der eine, dann verschwanden sie beide, der eine nach links, der andere nach rechts. Aus der Ferne kam ein Pfeifen, ein Dieselmotor beschleunigte. Etwas später stand ich im Licht der Scheinwerfer und streckte den Arm aus. Der Zug hielt an. Ich war der einzige Fahrgast und stand am offenen Fenster.

Das Stempelkissen trocknete aus. Es gab also einen Grund, zu Maria hinaufzusteigen und sie um Tusche zu bitten. Mit ein paar Kastanien in der Hosentasche ging ich die Treppen empor.

Ich klappte das Stempelkissen auf, streckte es ihr hin, und sie tränkte es mit Tusche. Dann gab ich ihr die Kastanien. Ich hatte sie zu Hause poliert, sie waren schon etwas matt geworden.

»Aus deinem Dorf«, sagte ich, und sie verstand, was ich meinte.

»Dort gibt es doch nichts zu sehen.«

»Doch, dort gibt es viel zu sehen.« Ich wollte zu einer Aufzählung ansetzen, da fuhr sie fort: »Aber woher wusstest du, dass das mein Dorf ist?«

»Deine Ansichtskarte aus den Sommerferien, ganz einfach. Sie hing an der Pinnwand, und ich habe mir den Poststempel angesehen.«

Ein paar Tage danach legte ich ihr heimlich ein paar Kastanien aus Schokolade auf den Schreibtisch, neben die Schreibmaschine.

Fortan blickte sie weg, wenn wir uns begegneten. Eine Weile lang noch träumte ich nachts von ihr.

Einmal träumte ich, sie stelle mich ihrer Familie vor: »Das ist Viktor Arbeiter, ein Kollege. Er hat unser Dorf besucht.« Der Vater freute sich sehr, und wir umarmten uns wie zwei alte Freunde.

Kinder haben

»Kommst du mit?«, fragte sie, als ich sie anblickte. Blond, eine auffällig große Nase. Eine schwarze Lederjacke, ein schwarzer Rucksack, ein schwarzes Motorrad. Sie legte ihm eine schwere Kette um, dann gingen wir.

Das Gebäude befand sich in der Nähe des Bahnhofs. Unten war ein Miedergeschäft. Der Windfang war lang und eng, links und rechts Schaufenster, Damenwäsche darin, und dann die Glastür, der Fliesenboden, der Aufzug, in dem wir bis ganz nach oben fuhren. Es war heiß, aber meine Hände waren kalt, ein Wunder, fror ich nicht. Sie hielt mir die Lifttür auf.

Wir saßen auf einer Bank vor der Tür ihrer Kammer, warteten und redeten. Sie hatte zwei Kinder, die Tochter war zwölf, der Sohn neun, und sie selbst war neunundzwanzig. Sie machte sich über ihre Nase lustig.

In der Kammer holte sie ein weißes Tuch aus ihrem Rucksack

und breitete es übers Bett, zog ihre Hose aus und sagte: »Später solltest du auch Kinder haben, wirklich. Dein Leben wird sich von Grund auf ändern. Jeden Tag hast du etwas zu lachen. Kinder sind ehrlich, du wirst es sehen. Kinder sagen dir ihre Meinung ins Gesicht, nicht wie die Erwachsenen, die dich anlächeln und im nächsten Moment bei den anderen schlecht machen.« Ich zog mich aus, und sie sagte: »Du hast ein gutes Gesicht.«

»Du auch.«

»Womit wir bei den Komplimenten wären.« Sie setzte sich zu mir aufs Bett. Ihr Becken war schmal, die Haut weiß und glatt. Eine lange, leicht entzündete Narbe lief quer über ihren Unterleib. Kaiserschnitt, dachte ich.

Jemand klopfte an die Tür, ich hörte Stimmen. Beim Abschied riet sie mir, das nächste Mal nachmittags zu kommen, dann würde ich es ruhiger haben. Vor der Tür standen drei Paare und warteten. Mit gesenktem Kopf ging ich an ihnen vorbei.

Zu Hause steckte ich ein paar Geldscheine in einen Umschlag, zusammen mit einem Zettel, auf den ich *Für deine Kinder* schrieb, und am anderen Nachmittag suchte ich sie in ihrer Gegend, um den Bahnhof herum. Sie diskutierte laut mit einer Kollegin, als ich sie am Ärmel zupfte. Gereizt sagte sie: »Jetzt habe ich keine Zeit.« Ich reichte ihr das Kuvert, sie steckte es in die Gesäßtasche und diskutierte weiter. Es schien etwas Ärgerliches passiert zu sein.

Ein Maler

Der Maler parkte seine DS. Zur Teestunde betraten wir das *Café de la Terrasse*. Er blickte sich um. An der Bar waren Plätze frei, links war ein Tisch frei, hinten rechts ebenfalls. Aber die da schien ihn zu interessieren.

»Dürfen wir uns zu dir setzen?«

Sie las die Zeitung, machte sich zwischendurch Notizen und war blond, lang und mager, sein Typ. Sie ließ uns an ihrem Tisch Platz nehmen.

An der Bar saß einer, den er kannte. Er rauchte und sah müde aus. Der Maler fragte: »Kennen wir uns nicht?« Es verging eine Weile, bis der andere eine Antwort fand und sich entschuldigte.

»Das macht nichts, ich habe zugenommen«, wehrte der Maler ab. Der andere verzog das Gesicht und sagte: »Ich bin überarbeitet, aber du weißt wohl nicht, was das ist.«

Da lachte der Maler laut und wandte sich ab. »Dummheit nehme ich nicht ernst, nicht einmal Klugheit. Ich nehme nichts ernst, darum habe ich Erfolg.«

Hatte er welchen? Er hatte Bilder und Schulden und zuweilen auch Bilderschulden – wenn er die Bilder schon verkauft hatte, die noch nicht gemalt waren.

»Ich habe seit zehn Jahren Schulden und lebe gut damit.« Das konnte man gewiss als Erfolg betrachten.

Im Bordell ließ er früher anschreiben, und seinen Assistenten bezahlte er, indem er ihn auch hinschickte und sich die Kosten auf die Rechnung setzen ließ. Später brachte er ein Bild hin und regelte alles.

So kamen seine Bilder ins Bordell. Aber selbst ging er nicht mehr hin, er war romantisch geworden. Die Frauen, die er brauchte, bekam er gratis, und er brauchte viele, ohne Frauen keine Malerei. Er bezahlte sie nicht, sie liebten ihn auch so, die einen länger, die anderen einen Augenblick lang. Er führte sie in sein Atelier, fotografierte ihre Haare und Härchen, ihre Hände und Nägel, ihre Füße und Zehen, Näbel, Brüste, und dann verliebten sie sich vielleicht in sein Lachen oder in seinen Bauch.

»Alle Maler sind immer schwanger«, dachten sie wohl, und selbst neigten sie zur Magersucht. Sie fanden ihn lustig, und auf seinem Bäuchlein ruhten sie sich aus von ihrem anstrengenden Hunger nach Schokolade oder nach Anerkennung. Sie liebten ihn oder konnten ihm zumindest nicht böse sein.

Auch meine Freundin führte er in sein Atelier. Eine Schwangerschaft lang und bei der Geburt und dann noch drei Monate lang war ich der Vater seines Kindes. Dann – es war Sommer – kam er zu Besuch. Ich betrachtete seine Hände und Nägel, seine Füße und Zehen und den Ansatz seiner Kopfhaare so genau, dass mir der Fall endlich klar wurde. Fortan schaukelte eine leere Wiege in mir drin, und er zahlte Alimente oder ließ anschreiben. Aber böse konnte ich ihm nicht sein.

Ehe wir das Café verließen, nahm er der jungen Frau Notizblock und Kugelschreiber aus der Hand. Sie protestierte, doch vor Verblüffung nur ganz zaghaft. Dann schrieb er seinen Namen auf, seine Adresse, seine Telefonnummer und gab ihr alles zurück.

»Telefonier doch mal ganz unverbindlich, würde mich freuen«, sagte er. Sie lächelte beinah verbindlich, und wir gingen, ohne den Tee zu bezahlen.

Alte Liebe

Reisefertig, den Schlüssel in der Rechten, die Tasche in der Linken, so stand ich vor meiner Wohnungstür, als ich die Frau vom obern Stock sagen hörte: »Ich brauche einen Mann.« Sie kam die Treppe herunter und sprach laut und bestimmt.

Täglich drangen Geräusche von ihr zu mir herab, ihre Stimme war mir vertraut. Sie hatte oft Besuch, ich weniger oft. Wir waren beide etwas über zwanzig, aber ich erinnere mich kaum an nähere Einzelheiten ihres Lebens, obwohl wir bestimmt hie und da ein paar Worte wechselten. Ich öffnete die Tür zu meiner Wohnung wieder, die Frau schlüpfte hinein, und ich folgte mit meiner Tasche, zog die Tür hinter mir ins Schloss, stellte mein Gepäck auf den Boden des Korridors und ließ den Schlüssel in die Hosentasche gleiten.

»Ich brauche einen Mann, kannst du das verstehen?«, sagte sie mit so viel Ernst, dass ich lachen musste. Ich streckte ihr die Hand hin, sie griff danach und zog mich an ihre Brust, an ihre Lippen.

»Mein Zug!«, flüsterte sie, nahm ihre Tasche und ihr Täschchen und lief zum Ausgang. Nach einem Blick in den Spiegel sprang ich ihr hintennach. Auch ich musste zum Bahnhof, und so begleitete ich sie zu ihrem Zug. Der meine würde etwas später fahren.

Auf dem Bahnsteig begegnete ich einem alten Freund. Seit der Schulzeit hatten wir uns nicht mehr gesehen. Seine Glatze, deren Anfänge in jene Jahre zurückgingen, hatte sich inzwischen ausgebildet. Wir verabredeten uns vage auf später, auf die Zeit nach den Ferien, denn wir würden uns einiges zu erzählen habe. Mathilde, die Frau, die einen Mann brauchte, hörte uns zu. Ich verabschiedete mich von beiden, und miteinander stiegen sie in den Zug. Ich wartete, bis er anfuhr, winkte, blickte zur Uhr empor und ging zu meinem Express, um in die Ferien zu fahren, für zwei oder drei Wochen ans Meer.

Als ich zurückkehrte, war Mathilde ausgezogen. Erst zwanzig Jahre später sah ich sie wieder.

Meine Wohnung hatte ich aufgegeben und mir etwas Größeres genommen, in einer Blocksiedlung am Stadtrand. Eines Tages traf ich unten auf der Straße ganz unerwartet meinen alten Schulfreund wieder. Er erzählte mir, er und Mathilde lebten im Nachbarhaus, seit zwanzig Jahren schon, und ebenso lange seien sie verheiratet. »Da staunst du«, sagte er und lud mich zu sich und Mathilde, zu ihren Kindern und ihrer Katze ein.

Mathildes blonde Haare waren einst sehr hell und lang gewesen, inzwischen waren sie dunkler geworden, und sie trug sie kurz. Sie hatte drei Kindern das Leben geschenkt. Die älteste Tochter war bald neunzehn und auf der Suche nach einer kleinen Wohnung, die Söhne waren fünfzehn und elf Jahre alt. Mathilde schien mir glücklich zu sein mit ihrer Familie, zufrieden mit ihrem Leben. Während des Abendessens – Fischsuppe und Reis – sagte sie zu mir: »Ohne dich wäre alles ganz anders gekommen.« Und beim Abschied, unter der Tür, flüsterte sie mir ins Ohr: »Weißt du noch, damals in deinem Korridor? Wann machen wir dort weiter, wo wir vor zwanzig Jahren aufgehört haben?«

Vakanz

Mathilde machte sich öfter über meine Zukunft Gedanken. Sie war davon überzeugt, ich würde meinen Talenten bei weitem nicht gerecht und sollte vor allem häufiger auf Reisen gehen, um in meiner Wohnung nicht zu verkümmern. In fast regelmäßigen Abständen machte sie mir Vorschläge, die den Zweck hatten, Luft und Farbe in mein Leben zu bringen, und so verhielt es sich auch mit jenem, dem Ruf der Stadtbehörden von Singapur Gehör zu schenken. Diese suchten einen neuen Bürgermeister.

Eine ihrer Freundinnen – sie sei mit einem Chinesen verheiratet – habe ihr von der Vakanz erzählt, und da habe sie an mich gedacht. Das wäre eine Stelle für mich, so käme ich endlich in die Welt hinaus und lernte andere Menschen kennen. »Und abgesehen davon würdest du ein wenig gefordert, das täte dir gut«, sagte sie schließlich. »Hier die Adresse meiner Freundin: siebter Stock links, im gleichen Haus wie ich.« Das konnte ich mir leicht merken.

Mathildes Vorschlag begeisterte mich nur wenig, und so dachte ich anfangs nicht weiter darüber nach. Sie hatte mir zwar geraten, unverzüglich zu handeln, denn es bewürben sich noch andere um den Posten, nur behielt meine angeborene Trägheit die Oberhand, so dass zwei oder gar drei Wochen verstrichen, ehe ich bei der Frau vorsprach, um Mathilde nicht zu enttäuschen. Mit dem Aufzug fuhr ich in die siebte Etage, trat ins dämmerige Treppenhaus hinaus und klingelte bei der linken Tür. Die Frau öffnete einen Spalt weit und musterte mich halb neugierig, halb misstrauisch aus der Deckung heraus. Trotz meiner Aufregung nahm ich wahr, dass sie ein hellblaues Kleid aus einem weichen Wollstoff und Pantoffeln aus hellblau gefärbtem Kaninchenfell trug. Aber an ihren Namen erinnerte ich mich nicht mehr.

»Guten Tag, Frau ...«, stotterte ich. Sie wich ein wenig zurück, der Türspalt verengte sich.

 »Es tut mir sehr Leid, aber Ihr Name ist mir entfallen«, fuhr ich fort.

»Wang, es steht auf dem Klingelschild.«

Um ihr Interesse zurückzugewinnen, sagte ich: »Es ist vollkommen verständlich, wenn Sie jetzt denken: So einer will Bürgermeister von Singapur werden und kann sich nicht einmal den Namen der Frau merken, die ihm dazu verhelfen könnte. Dennoch möchte ich Sie bitten, sich etwas Zeit für mich zu nehmen.«

»Entschuldigen Sie, aber für Hausierer habe ich keine Zeit, auch wenn sie noch so freundlich sind«, sagte sie, zog ihren Kopf zurück, schloss die Tür und drehte den Schlüssel.

Der Lift wartete noch auf mich, nur das Licht hatte er inzwischen ausgemacht.

Viktor

Der Junge blickte auf mich herunter und beschimpfte mich, dann spuckte er mir ins Gesicht. Ich hatte ihn überholt. Eine besondere Leistung war es nicht, denn ich bin der Erwachsene, er das Kind. Sein Fahrrad ist klein, dazu träge, umständlich, alt, meines hingegen ist schnell, einfach und neu.

Auf der Waldstrecke überholte ich ihn, nickte ihm dabei zu und lächelte. Es kostete mich keine Anstrengung, an ihm vorbeizugleiten, ich brauchte nicht einmal zu treten, das Gefälle, mein Gewicht und das vortreffliche Fahrrad sorgten für die nötige Schnelligkeit, während der kleine Junge strampelte, um ein wenig in Fahrt zu kommen. Doch wie er sich auch abmühte, mich holte er nicht ein.

Erst unten, vor der alten verstaubten Scheune, die mir als Remise für mein Fahrrad dient, begegneten wir uns wieder, und hier spuckte er auf mich herab. Mit dem Ärmel wischte ich mir seinen Speichel von der Wange, dann trat ich unter dem Vordach hervor, ging um den Holzpfeiler herum und stellte mich vor den Jungen hin. In seinem Gesicht standen Stolz und Genugtuung.

»Damit hast du dir aber eine Ohrfeige verdient.«

Der Junge rührte sich nicht, und ich schlug zu. Mit dem Handrücken wischte er sich die Wange ab und schwieg. Auch mir fiel nichts mehr ein.

Langsam gingen wir die Treppe zum Park empor. Auf der Esplanade tanzten ein paar weiß gekleidete Mädchen nach den Anweisungen ihrer Lehrerin. Ich bemerkte, dass der Junge ihnen zuschaute, und sagte: »Bevor wir auseinander gehen, verrätst du mir, wie du heißt.«

»Viktor.«

Ich wollte meine Überraschung zeigen, da fragte er: »Und du?«

»Viktor.«

Wir blickten einander an. In seinen Augen sammelten sich Tränen, und auch mir kamen sie. Ich schloss den Jungen in die Arme, und da raubten sie mir die Sicht.

Liebe Schwester!

Seit einem Monat bin ich Rentner. In meiner Dienstwohnung lebt nun mein Nachfolger mit seiner Familie, und ich hause – Du wirst lachen oder Dich wundern – in meinem Klassenzimmer. Es ist mir, wenn ich so sagen darf, als Alterssitz überlassen worden. In letzter Zeit stehen ja etliche Schulräume leer, die Kinder werden rar in dieser Gegend. Bänke und Stühle schaffte man bis auf ein paar wenige in den Keller, nur das hölzerne Podest, auf dem mein Pult gestanden hat, das blieb auf meinen Wunsch hier. Bei Gelegenheit werde ich mein Nachtlager darin einrichten. Zuerst säge ich ein Stück heraus, dann versehe ich es mit einem Scharnier und setze es wieder ein. In die Öffnung lege ich schließlich meine Matratze und nachts mich selbst. Sind dann am anderen Morgen Decke und Kissen ausgelüftet, klappe ich den Deckel einfach zu, und das Bett, diese Aufforderung, meiner Müdigkeit nachzugeben, ist meinen Blicken entzogen.

Im Schulhof lärmen die Kinder. Es geht mich nichts mehr an, ich lehre nicht mehr. Aber ich werde weiterhin lernen, bin jetzt im Besitz eines Esperantokurses. Täglich mache ich meine Lektion. Auch sonst habe ich mir vorgenommen, ordentlich zu leben: vor dem Schlafengehen das Hemd an einen Kleiderbügel zu hängen, täglich das Bett zu machen und wieder regelmäßig zu beten. Ich laufe jetzt nicht mehr in Straßenschuhen im Klassenzimmer herum, wie ich das als Lehrer immer tat.

Das Mittagessen nehme ich wie früher beim Hauswart und seiner Frau ein.

Unten ist noch Pause, ich höre die Kinder, mit denen ich nichts mehr zu tun habe. Wie viele habe ich schreiben gelehrt, rechnen, zeichnen, singen. Sonntags sah ich sie in der Kirche, nickte diesem oder jenem zu, begrüßte nach der Messe die Eltern und war ein wenig eifersüchtig auf sie, weil sie die Kinder nach Hause nehmen durften und ich leer ausging.

Aber ich werde bereits wieder müde. Das beginnt gewöhnlich schon am Vormittag, während der Esperantostunde etwa. Dann bleibe ich einfach an meinem Tisch sitzen, bette den Kopf in die Beuge des rechten Arms und schlafe ein wenig. Erwache ich wieder, erstaunt mich die Größe und Leere dieses Raums.

Zur allgemeinen Müdigkeit hat sich auch so etwas wie Maulfaulheit gesellt. Mir ist in letzter Zeit die Lust am Reden vergangen – stell Dir vor: mir, der ich so manches Jahr lang gesprochen, gesungen, Reden gehalten habe, auf und ab in diesem Schulzimmer und dauernd geredet, erzählt, vorgelesen, gelobt und getadelt, gefragt und geantwortet und ab und zu geschrien. Als Schüler zwar – das weißt Du auch – war ich ein schweigsamer Kerl.

Mit meinem Nachfolger habe ich nicht viel zu schaffen. Er soll alles so machen, wie er es für richtig hält, ich bin keiner jener Schulmeister, die nicht aufhören können. Wenn er mich fragt, gebe ich ihm gern Auskunft. Sind die Fenster seines Klassenzimmers offen, höre ich seine junge, frische Stimme, und dann kommt es mir bisweilen vor, als schwänzte ich die Schule, als gehörte ich auch in jene Klasse und alles beginne von vorn.

Doch jetzt muss ich ein wenig schlafen, im Ohr die schöne Stimme meines Nachfolgers. Bis gleich, liebe Schwester, eine kleine Weile nur, dann schreibe ich weiter.

Nicht zum Sterben geschaffen

Der Erbe

Zurzeit arbeiten wir auf dem Tannenhof, der Bauer lässt das Dach seiner Scheune reparieren. Als ich heute früh zur Baustelle kam und mein Fahrrad über der Jauchegrube an die Mauer lehnte, öffnete er die Stalltür und entließ sein Fleckvieh auf die Weide. Marisa, eine der Kühe, blieb stehen und starrte mich an, als habe sie noch nie einen Menschen gesehen, so voll Verwunderung war ihr Gesicht. Ich lächelte, sprach ein paar Worte, rede ich doch immer gern zu Tieren, seien es die Spinnen der Keller, seien es die Eulen der Menagerien. Sie erwiderte mein Lächeln, indem sie sich leichten Schrittes auf mich zubewegte, ganz so, als hätte ich sie zum Tanz aufgefordert. Ich verbeugte mich vor ihr, sie senkte ihren Kopf, und wie ich sie kraulen wollte, da hob sie mich geschickt auf die Hörner und trabte der Weide entgegen, auf der Margeriten, Skabiosen und Labkraut blühen. Ich ließ mir den Ausflug gefallen, hielt mich an ihr fest, in den Ohren das Sturmgeläut ihrer Glocke, in der Nase den frischen Pflanzengeruch ihres Atems. Wir kamen zu einer Batterie Fliegerabwehrraketen, die hinter hohen Drahtzäunen stehen. Auf ihren spitzen, schwarzen Schnauzen glänzte Tau. Und dort verhalf sie mir zum Fliegen. Mit einer kräftigen Kopfbewegung schleuderte sie mich in die Luft empor, ich zappelte voller Schrecken mit den Armen, doch siehe da: Ich hielt mich in der Schwebe. Als ich wie ein Schwimmer die Beine bewegte, da gewann ich gar an Höhe. Ich flog!

Weit unten schnupperte Marisa am glänzenden Gras, und die anderen Kühe trotteten mit Glockengetön den Feldweg entlang. Der Milchwagen brachte leere, scheppernde Kannen und holte die vollen, und auf dem großen Scheunendach stand bereits Reber, mein Chef, und schwang den Ziegelhammer. Das alles sah ich heute in der Morgenfrühe, ohne einen Schatten zu werfen.

Am Tag, an dem der Lehrvertrag unterzeichnet werden sollte, hätte ich beinah vergessen, in Rebers Büro zu erscheinen. Ich lag zu Hause im Bett, als sein Anruf kam. Die Mutter hatte abgehoben, klopfte an die Zimmertür und zischte: »Reber ist am Apparat. Was soll ich ihm sagen?«

»Sag ihm, ich bin in einer halben Stunde bei ihm.«

Reber saß im Sonntagsanzug auf dem Fenstersims und verdunkelte den Raum. Er hieß meine Schwester, mit Tippen aufzuhören. Sie arbeitet in einem Verlag, erledigt nebenbei Rebers Schreibangelegenheiten und besorgt den Haushalt. Zudem ist sie seine Freundin. Er befeuchtete sich eifrig die Lippen und kam mir entgegengeschritten, nahm meinen Kopf zwischen seine harten Hände und schüttelte den seinen, während er mir aufgeregt in die Augen blickte. Eine große Wärme ging von ihm aus.

»Wenn du so vergesslich bist, wirst du mir einmal ein offenes Dach im Regen stehen lassen. Meinst wohl, du kannst dir die Mühe sparen, deinen Vertrag zu unterzeichnen. Nein, mein Junge.« Er ließ meinen Kopf wieder los, drückte mir dafür die Faust ins Kreuz und schob mich zum Schreibtisch, an dem sich zwei Stühle gegenüberstanden. Meine Schwester legte die Dokumente und zwei Füllfederhalter auf den Tisch und verließ den Raum.

Der Vertrag enthielt nichts, was mich argwöhnisch gemacht hätte. Reber zahlte besser als andere Lehrmeister, Ferien gab es bei ihm mehr als anderswo, und außerdem hatte ich lange genug nach einer Lehrstelle gesucht. Er selbst schien mir trotz seinen etwas ausgefallenen Manieren ein umgänglicher Mensch zu sein. Meine Schwester hatte nie etwas Nachteiliges über ihn erzählt. Glücklich setzte ich meine Unterschrift neben die seine.

Rebers Erscheinung könnte recht angenehm sein, wäre da nicht dieser seltsame Geruch, den sein Atem verströmt. Sein Körper ist ziemlich stark behaart, bis zu den Fingernägeln fast reichen die schwarzen Haare, während sie auf dem Kopf hier und dort in Silber übergehen. Die Füße aber kann ich nicht anders als winzig nennen, jedenfalls stehen ihre Maße in einem ungewöhnlichen Verhältnis zur Körpergröße. Sein Gesicht ist ständig gerötet, und das Kinn wird durch eine tiefe Kerbe gespalten – ein Merkmal, das ich mit ihm teile.

»Hier steckt der Teufel drin«, sagten die Leute früher zu mir und tauchten ihre Zeigefinger in das Grübchen.

Im vergangenen März ist alles anders geworden. Wir arbeiteten auf dem Dach der Sankt-Veits-Kirche in Jerolam, und als eines Tages alle anderen oben waren und ich unten im Friedhof stand, um eine neue Ladung Ziegel zusammenzustellen, da zersplitterte ein Biberschwanz neben mir auf dem Pflaster. Ich blickte zum

Dach hinauf und hörte die Stille und mein pochendes Herz. Die Kirche atmete aus halb offenen Fenstern.

Einen Tag später prasselte ein Viertel Schock Ziegel neben mir zu Boden. Ich war gerade dabei, ein Deckfass ... und schon wieder sauste ein Ziegel an mir vorbei und krachte aufs Pflaster. Viel hätte nicht gefehlt, und er hätte meine Schulter getroffen. An der Wange hatte ich den Luftzug gespürt. Ich versuchte zu schreien, wollte fluchen, schimpfen, aber die Stimme versagte, und die Beine waren ganz schwer. Ich taumelte durch einen Nebeneingang in die Kirche hinein, nahm vor einem Seitenaltar Platz, und vergebens suchte ich mir den Schlaf vom Leib zu halten, schon träumte ich, jemand trachte mir nach dem Leben.

Als ich die Augen wieder aufschlug, erblickte ich Rebers Gesicht. Er kniete vor mir und hielt meinen Kopf zwischen seinen Händen. Ich sah mir seine grünen Augen an und sein starres Lächeln. Es hatte etwas Flehentliches. Sein Weihrauchatem und die Wärme, die er wie ein Ofen verströmte, betäubten mich. Ich erwiderte sein Lächeln und begriff sofort, dass das eine Antwort war und was sie bedeutete: mein Einverständnis mit seinem Vorschlag.

Am Tag darauf sprang ich vom Kirchendach. Aber ob tot oder lebendig, stets noch arbeite ich in Rebers Mannschaft. Keiner kommt mir an Geschicklichkeit und Ausdauer gleich. Ich bin der Flinkste und Fleißigste von allen, nur zweifle ich, noch sichtbar zu sein. Dass mein Wille nicht mehr frei ist, das steht jedoch fest.

Als ich heute morgen nach dem kühlen Bad in den Tiefen des

Himmels aufs Scheunendach zurückkehrte, da flüsterte Reber mir zu: »Siehst du, Raimund, nun kannst du es auch. Was kann ein Dachdecker sich Schöneres wünschen, nicht wahr? Und das Beste daran: Du bist wieder gelandet. Wie mancher ist schon aufgestiegen und oben geblieben!«

»Ich liebe eben die Erde, die Arbeit, das regelmäßige Einkommen«, sagte ich.

»Das höre ich gern. Und du kannst sicher sein, eines Tages werde ich dich für deine Treue belohnen. Du wirst mein Nachfolger sein, du wirst zu eigen bekommen, was jetzt noch mir gehört: mein Geschäft, mein Haus, meine Grundstücke. Meine Frau hat kein einziges lebendiges Kind geboren, und deiner Schwester misstraue ich in dieser Hinsicht ebenfalls. Sie ist fleißig, sie ist klug, sie ist leidenschaftlich, aber Kinder wird sie keine zustande bringen, höchstens Fehlgeburten wie einst meine Frau. Von all den Operationen hatte sie den Unterleib voller Narben. Eileiterschwangerschaften waren das und Bauchhöhlenschwangerschaften, nichts jedenfalls, was getaugt hätte. Sind allesamt Engel geworden, die Kinderchen, die kleinen Monster, die hässlichen Krüppelchen, die nicht leben wollten, die verdammte Teufelsbrut! Zehn brave Engelein sind sie nun, fliegen dem lieben Gott um den Bart herum und kämen um keinen Preis wieder herunter.«

Immer eifriger wurde er beim Reden, und zwischendurch lachte er so laut, dass die weidenden Kälber schrien. Schließlich musterte er mich mit großer Genugtuung, und seine Augen leuchteten in der Morgensonne. Vergebens breitete ich da die Arme aus, vergebens ruderte ich – ich blieb unten auf dem Scheunendach.

»Nur, wenn ich es will«, sagte Reber. »Los, an die Arbeit!«

Fisch und Faust

Ein Bündel lag eines frühen Morgens auf der Straße. Ich hob es auf und trug es zum Ufer des Ozeans. Dort setzte ich mich auf eine Bank und wickelte einen großen Fisch aus dem Zeitungspapier. Ich öffnete sein Maul, steckte ihm die Faust tief in den Rachen und brachte ihn so zum Sprechen.

»Komm mit mir«, sagte er, »wir überqueren den Ozean.«

»Womit?«

»Wir schwimmen, so wie tausend andere auch, die heute zur großen Überquerung aufbrechen.«

Zwar schwimme ich leidenschaftlich gern, doch die Vorstellung, zwei oder drei Jahre lang nichts anderes zu tun, beunruhigte mich. Fürs Erste war der Fisch stärker als ich, und ich gab seinem Drängen nach.

»Du wirst den Kopf überm Wasser haben und ich den Kopf unterm Wasser«, sagte er, »und wenn du willst, können wir gelegentlich abwechseln.« Ich zog die Faust aus seinem Rachen, und Schweigen herrschte zwischen uns.

Es waren Tausende, die ins Wasser des Ozeans stiegen. Am Ufer stand eine unübersehbare Menge und winkte, klatschte, sang und schrie. Auch Bischöfe und Politiker waren zugegen, sogar der Präsident der Republik war gekommen.

Das Wasser war kalt und klar. Der Fisch schwamm treu an meiner Seite, und als wir uns der Hafenausfahrt näherten, erinnerte ich ihn mit allerlei Gebärden an sein Angebot, mit Schwimmen über Wasser und Schwimmen unter Wasser abzuwechseln. Dann holte ich tief Atem und tauchte, während er an die Oberfläche schnellte und den Kopf aus dem Wasser streckte. Über mir sah ich lauter leuchtende Leiber, und wenn ich mich in die Richtung bewegte, aus der sie kamen, dann konnte ich das Land nicht verfehlen.

Als ich, in Atemnot geraten, wieder auftauchte, erblickte ich das riesige weiße Transparent, das über dem Hafen aufgespannt war:

La grande traversée de l'océan
Die große Ozeanüberquerung
La grande traversata dell'oceano
The big ocean crossing

Ich sah die blauen Buchstaben, die sich über den Köpfen der Menschen wiegten, stieg schlotternd an Land und schlich mich an den Leuten vorbei. Sie winkten, klatschten und betranken sich am Vormittag schon. Da und dort versuchte ich mich zu erklären, doch es verstand mich kaum jemand, so groß war der Lärm all der

Menschen und Lautsprecher und der Hubschrauber, die unentwegt die Luft durcheilten.

Kein Schwimmer erreichte das Ziel, viele ertranken. Unter den Opfern war auch der Fisch. Seinetwegen nahm ich am Trauergottesdienst teil, der einige Zeit später in Notre-Dame gefeiert wurde. Der Komponist *** hatte ein Requiem geschrieben, die *Messe pour les noyés de l'Atlantique*, und Chor und Orchester der staatlichen Rundfunkanstalt führten es auf. Zu einem großen Teil bestand es aus Nationalhymnen, und die Trauergäste mussten mitsingen. Ich schwieg die ganze Zeit über, sang keine Hymne, sprach kein einziges Amen mit. Nur einmal erhob ich die Faust, und der Fisch antwortete, indem er gegen die Wand seines Sarges pochte.

Die drei Mareien

Die Stadt, in der ich aufgewachsen bin, wird von einer Wehrmauer zweigeteilt, einem Wall aus Ziegelsteinen, der von Osten nach Westen verläuft und den alle paar Hundert Meter ein Tor durchbricht. Ein römischer Kaiser hat ihn errichten lassen, um die ursprüngliche Stadt, das heißt den südlichen Teil des heutigen Gemeinwesens, vor den Barbaren zu schützen, die von Norden heranströmten. Da diesen nun der Zutritt verwehrt war, siedelten sie sich vor dem Wall an, so dass im Lauf der Jahrhunderte zwei eng verbundene, zu Zeiten aber auch verfeindete Städte entstanden, die sich schließlich vereinigt haben und seither eine einzige, aber zweigeteilte Stadt bilden. Den einen gilt sie als Rom des Nordens, andere gemahnt sie an das einstige Berlin, und dann gibt es auch welche, die sie mit Florenz vergleichen – vielleicht um dem Kunstsinn ihrer Bürger zu schmeicheln, vielleicht aber auch um der Schweine willen, die in den inneren Bezirken gehalten werden und dort das Straßenbild bereichern, so wie Reisende es auch aus Florenz melden.

In dieser Stadt, wenige Hundert Meter vom roten Wall entfernt, wohnen meine Eltern. Früher sind sie reich gewesen, davon zeugt noch die große, hohe Wohnung. Etwas verloren hausen sie darin, denn die meisten ihrer Möbel haben sie bereits veräußert, ebenso Bilder und Teppiche. Nur ein paar Tische, Stühle und Betten sind noch da, und auch im Zimmer, das ich während meiner Kindheit und frühen Jugendzeit bewohnt habe, wartet noch ein Bett. Ich schlafe darin, wenn ich, wie eben jetzt, meine Eltern für ein paar Tage besuche.

Heute habe ich mich herumgetrieben. Um die Mittagszeit boten drei Mareien auf dem Balkon ihres schönen, großen Hauses allerlei Kunststücke dar, und so waghalsig war ihre Vorstellung, dass ich um ihr Leben bangte. Steif wie ein Brett lag die eine Marei auf der schmalen Brüstung und sang. Die zweite Marei stand darauf und wiegte sich nach allen Seiten, und die dritte Marei saß auf der Brüstung und zappelte mit Armen und Beinen.

»Mein Gott, mein Bett!«, flüsterte ich und rannte durch die Straßen, ohne auf Rotlichter und Polizisten zu achten. Ich wollte mein Bett holen und es unter die drei Mareien stellen. Sollte eine von ihnen in den Abgrund stürzen, würde sie in seinen weichen, rosaroten Kissen landen.

Ich schob es aus der Wohnung meiner Eltern. Auf meinem Weg über die breiten, sanft abfallenden Treppen des Gebäudes und durch Straßen und Gassen kam mir zustatten, dass es auf vier stabilen, lenkbaren Rollen steht. Nur ist es breiter als die meisten Trottoirs, was mein Unterfangen erschwerte und nicht immer den Beifall der Passanten fand. Ein Tankwart wies mich grob von seinen Zapfsäulen weg, als ich mich davor etwas ausruhte. Aber Kinder setzten sich auf mein Bett und ließen sich bis zum Ende ihres Viertels führen, und eine alte Frau bat mich, ihre Einkaufstasche ein Stück weit zu transportieren. Sie lehnte es ab, selbst Platz zu nehmen, aber immer wieder blieb sie stehen und lachte zugleich leidenschaftlich und verschämt, denn die Vorstellung, sich auf einem Bett durch die Stadt schieben zu lassen, belustigte sie so sehr, dass sie kaum noch gehen konnte.

Mit dem Stock wies sie mir den Weg zu ihrem Haus. Es ist an den Römerwall gebaut, dort endet die Gasse, ein Tor gibt es nicht. Die Straße ist schmutzig, überall Karrenschmiere und Plakatfetzen. Im Erdgeschoss des Hauses ist ein Nachmittagskino eingemietet. Als ich der Frau dabei half, die Einkäufe zu ihrer Wohnung hinaufzutragen, lief gerade eine Eisreklame, und als ich zu meinem

Bett zurückkehrte, ging das Programm zu Ende, und der Nachmittag wurde zum Abend. So lange hatte ich mit Rosa, der alten Frau, Kaffee getrunken.

Da ich annahm, dass die drei Mareien ihre Vorstellung inzwischen beendet oder überstanden hatten, ließ ich mein Bett in der Sackgasse vor dem Wall stehen und kehrte in die Marienstraße zurück. Ein paar Schritte vom Haus der drei Mareien entfernt, dort gehört meinem Freund R. ein kleines Restaurant mit einem einzigen Tisch und drei Stühlen.

Heute hatte er sie draußen auf der Gasse stehen. Wir saßen zusammen vor einem Aperitif, als auf dem dritten Stuhl eine der Mareien Platz nahm. Es war jene, die am Nachmittag so gefährlich mit Armen und Beinen über dem Abgrund gezappelt hatte. Um sie hatte ich am meisten gebangt. Sie legte ihr schwarzes Handtäschchen auf den Tisch und bestellte etwas zu trinken.

»Du bist heute davongelaufen, als sei der Teufel hinter dir her«, wandte sie sich mit heller Stimme an mich. Sie trug ein weißes seidenes Kleid.

»Ja, bin ich.« Dann erzählte ich ihr, mit welchem Vorhaben ich nach Hause gerannt war.

»Und wo hast du es jetzt, dein Bett?«

»Ich habe es stehen lassen, im Norden drüben, just vor dem Wall.«

R. wurde ungeduldig. Er hatte es eilig, mit der Marei ins Bett zu kommen. Sie beachtete ihn nicht und stellte mir noch ein paar

Fragen, die ich ihr beantwortete. Während er sein Hemd aufknöpfte, sagte R. zu mir: »Warte einfach draußen, bis wir fertig sind, und wenn Gäste kommen, dann bedienst du sie, du kennst dich ja aus.«

Die Marei schlüpfte durch die Tür und drehte sich noch einmal um, winkte mir und verschwand im Dunkel des Restaurants. R. folgte ihr, schloss hastig die Tür und drehte den Schlüssel.

»Und wenn Gäste kommen, dann bedienst du sie«, murmelte ich, trank mein Glas leer, dann das Glas von R. und auch dasjenige der Marei, und schließlich stand ich auf. Ich ging am Haus der drei Mareien vorbei und durch eines der Tore in den Norden hinüber. Als ich in die Sackgasse einbog, wartete mein Bett am alten Ort. Rosa, die alte Frau, stand davor und starrte auf die Kissen. »Es tut mir Leid, verzeih mir, bitte. Ich habe mein Möglichstes getan, aber sie hat sich nicht zurückhalten lassen. Mit aller Kraft habe ich es versucht, das kannst du mir glauben, doch einer alten Sau braucht man nicht zu sagen, wo sie ferkeln soll.«

»Gehört sie Ihnen?«, fragte ich.

»Nein, ich sömmere sie nur. Sie gehört drei Schwestern aus dem Süden, Artistinnen, wenn mir recht ist. Und der Nachwuchs gehört ihnen natürlich auch. Aber ich werde dafür sorgen, dass du im Herbst eines der Ferkel bekommst. Welches möchtest du denn?«

»Warten wir den Herbst ab«, sagte ich und konnte doch nicht widerstehen, mit dem Blick von Ferkel zu Ferkel zu hüpfen und mir eines auszusuchen, um es ins Herz zu schließen. Sechs winzige Schweinchen hatte die große müde Sau an ihren Zitzen, und es schien wirklich, als habe ihr zum vollkommenen Mutterglück nur ein weiches Bett gefehlt.

Unsere Königin

Aus Küchen und Kellern ging es in die Schlacht gegen die Moffen, unsere Nachbarn, seit Jahrhunderten ein kriegslustiges Volk, das mit immer neuen waffentechnischen Erfindungen von sich reden machte. Doch wir hatten unsere Königin. Von ihr hieß es, sie wirke Wunder.

Als die beiden Völker einander entgegenströmten, da verließ mich der Mut, und ich lief, den Tränen nah, zum König. Er war im Begriff, sich auszuziehen, ganz nackt, denn es ging zur Schlacht. Er lachte über meine Feigheit und fragte, womit er mir Mut machen könne.

»Ich möchte in Ihrer Nähe sein, Majestät.«

Er gestattete es mir ohne Bedenken, und so zogen wir nebeneinander los. Ganz vorne, wo wir den Moffen in die Augen blicken konnten, dort war unser Posten.

Als die Schlacht mit Lärm begann, stellte ich mich schützend vor den König. Sah ich, dass ein Moffe auf ihn zielte, dann trat ich dem Schützen entgegen und fing die Kugel mit meinem Körper auf. Die erste traf mich in die Schulter, die zweite in die Brust, und bald zählte ich die Treffer nicht mehr.

Die Hofdame begrüßte mich, ich legte ein Trinkgeld in ihren Teller und durfte eine Dusche nehmen. Nackt betrat ich den Aufzug und fuhr ins Obergeschoß. Mich fröstelte. Wie hoch die Räume hier waren! Ich ging auf weichen Teppichen und wünschte mir meine Kleider zurück. Denn wozu diente jetzt, nach geschlagener Schlacht, meine Nacktheit? Ich kam zu einer Bar, zu Spiegeln und goldenen Tapeten. Regale voller Flaschen mit erlesenen Getränken türmten sich die Wände empor bis zur weit entfernten Decke. Eine Frau stand hinter dem Tresen. Links davon ging eine Tür auf, ein Mann trat heraus, eine Frau blickte ihm nach, und nun deutete die Bardame auf die Tür: »Die Königin erwartet dich.«

Ich betrat das Schlafzimmer. Das breite Bett sah unordentlich aus. Das Kissen war gegen den vergoldeten Bettladen gequetscht, die purpurnen Decken hingen über die Bettkante, und die Laken schimmerten. Die Königin aber stand im Bademantel vor dem Fenster und schaute in den Hof hinab. Mit wachsender Lust betrachtete ich sie.

»Leg dich auf mein Bett«, sagte sie und zog die Decken zurecht. Ich tat, was sie befahl, und sie stieg zu mir und beugte sich über meine Schulter, dann über meine Brust und so immer weiter, bis sie alle Kugeln aus mir gesogen und ausgespuckt hatte, ich weiß nicht mehr, wie viele.

Die Visitenkarte der Zarin

Ich habe mich, solange ich lebe, nicht in der Gegen-
wart einer so hohen Persönlichkeit befunden ...
Nikolaj Gogol

Ich hatte eine Sammlung nobler Visitenkarten angelegt. Sie waren verschmäht oder vergessen worden, und ich hatte sie aufgelesen. Ich war sechzehn Jahre alt und Platzanweiser des Puschkintheaters in Sankt Petersburg.

Nach jeder Vorstellung ging ich mit einem Korb durch die leeren Reihen und Logen des Theaters und sammelte die Gegenstände ein, die das Publikum zurückgelassen hatte: Taschentücher, Operngucker, Handschuhe und Hüte, Puder- und Schnupftabakdosen, Zigarettenetuis, Kämme, Kopftücher – und Visitenkarten. Oft mit einer handschriftlichen Botschaft versehen, waren sie von Dienern im Auftrag ihrer Herrschaften überbracht und von den Empfängerinnen oder Empfängern dann achtlos oder verächtlich, aus Vergesslichkeit oder gar vor Aufregung liegen gelassen worden.

Da sie nun nicht als Fundgegenstände, sondern als Abfall galten, glaubte ich nichts Unrechtes zu tun, wenn ich sie nicht in den Ofen warf, sondern an mich nahm. Im Lauf der Monate kam so eine stattliche Zahl Namen aus den besten Kreisen Sankt Petersburgs und ganz Russlands zusammen.

Mein schönstes Stück war eine Karte der Zarin selbst. Ich hatte sie in der Loge des Fürsten K. gefunden, eines jungen, noch unverheirateten Mannes. In ihrer kleinen, eilig dahinfließenden Schrift hatte die Zarin ihm darauf eine Mitteilung gemacht: *Seien Sie unbesorgt, Ihr Leben liegt in meiner Hand.*

Als ich sie in jugendlichem Übermut fragte, was dieser Satz bedeute, schwieg sie. Weder zornig noch mild ruhte ihr Blick auf mir. Eher sah es so aus, als verstehe sie selbst nicht mehr, was sie auf ihre Karte geschrieben hatte an jenem Abend, als Gogols *Revisor* gegeben wurde.

In Begleitung einer alten Dienerin war sie zu uns nach Hause gekommen. Meine Mutter hatte die Tür geöffnet und sie, ohne sie zu erkennen, eingelassen. Die Zarin verlangte mich allein zu sprechen. Widerwillig entfernte sich meine Mutter, die Dienerin der Zarin hinter sich, und überließ uns die verrußte Küche.

Freilich konnte ich kaum glauben, der leibhaftigen Zarin gegenüberzustehen, doch hatte ich ihre Visitenkarte in den vergangenen Tagen so oft betrachtet, betastet und berochen, dass ich auf ihr Erscheinen vorbereitet war.

»Mir ist zu Ohren gekommen, dass du Visitenkarten sammelst.«

Ich zog ein in Zeitungspapier eingewickeltes Bündel aus der Hosentasche und streckte es ihr hin.

»Pack es aus!«, befahl sie, und ich gehorchte. Sie sah sich Karte um Karte an, und nachdem auch die letzte von der rechten in die linke Hand gewechselt hatte, sagte sie: »Es sind dies alles nichtswürdige Menschen« und steckte meine Sammlung in ihre weiße Handtasche.

»Warum, kaiserliche Hoheit, nehmen Sie mir, was mir gehört?«

»Es fehlt noch eine Karte«, entgegnete sie. Ich schüttelte den Kopf.

»Du lügst.«

»Es ist mein bestes Stück«, gestand ich nach einer Weile. Sie zeigte auf ihre Handtasche und sagte: »Das alles sind nichtswürdige Menschen, das ganze Bündel gehört in den Ofen geworfen. Doch was du dein bestes Stück nennst, gehört weder dir noch mir, und ich werde dafür sorgen, dass es an den rechten Ort kommt.«

Ich zog meinen rechten Schuh aus und holte das Lederbeutelchen daraus hervor, in das ich die Visitenkarte der Zarin gesteckt hatte. Ich reichte sie ihr, und sie nahm sie wortlos entgegen. Der Ärger machte mich übermütig, und ich fragte sie, was jene geheimnisvolle Botschaft bedeute, die sie dem Fürsten K. gesandt hatte (ich habe es bereits erwähnt). Sie blickte mich gedankenverloren an, dann sah sie sich nach der Tür um. Es war höchste Zeit, sie zu bitten, sie möge beim Direktor des Puschkintheaters ein gutes Wort für mich einlegen, damit ich meine Stelle behalten konnte.

»Sei unbesorgt, dein Leben liegt in meiner Hand«, gab sie geistesabwesend zur Antwort.

Was soll ich noch erzählen?

Ludwig der Sechzehnte

Ein Maskenball. Bierlachen. Musik und wimmelnde Leute, gut getarnt. Eine maskierte Frau blieb vor mir stehen, im Samtkostüm, mit gehäkelten Handschuhen, frechem, durch die Löcher flackerndem Blick.

»Du bist zum Lachen«, sagte sie, »kommst ohne Verkleidung daher, ohne Schminke und Farbe, ohne Larve. Wirklich sehr lustig!« Ich trug meine weiße Hose und die blaue Jacke.

»Kümmere dich um deinen eigenen Dreck!«, entgegnete ich und bereute es sogleich. Sie war bereits wortlos in die Menge zurückgetaucht. Ich wollte sie um Verzeihung bitten und schob mich an den Menschen vorbei, streifte ihre glänzenden, raschelnden Kleider, roch ihren Atem und Alkohol, roch Tabak, Knoblauch, Schweiß und Parfum. Doch die Maske war verschwunden.

Ich verließ den Saal und trat auf den kühlen Gang hinaus. Boden und Wände waren grau, die Musik und der Lärm der Leute gedämpft. Auf einem Stuhl mit goldener Rückenlehne und samtgepolsterten Armstützen saß sehr aufrecht ein Mann. Er hatte sich als Rokokokönig verkleidet, trug eine gepuderte Perücke, weiße Seidenstrümpfe und schwarze Schnallenschuhe, einen himmelblauen Frack und eine damastene weiße Culotte. Aber ich ahnte, keinem kostümierten Hinz oder Kunz, sondern einem gebürtigen König gegenüberzustehen. Ich musterte kurz sein Gesicht. Diese Hakennase, diese kleinen fetten Lippen: Es war Ludwig der Sechzehnte, ohne Zweifel. Ihn plagte wohl die Langeweile, und einer kleinen Unterhaltung konnte er nicht abgeneigt sein. Ich bat ihn um Erlaubnis, mich auf den Schemel neben seinem Sessel zu setzen. Mit knapper Geste forderte er mich auf, Platz zu nehmen. Er wandte mir das Haupt zu und fragte mit leiser Stimme: »Wie geht es ihm?«

Geziemte es sich, ihm die Wahrheit zu sagen? Geziemte es sich, ihm etwas anderes als die Wahrheit zu sagen?

»Es geht mir gut, Ihre Majestät, danke der freundlichen Nachfrage«, gab ich zur Antwort. Doch der König schüttelte den Kopf.

»Wie geht es *ihm*?« sagte er, weiterhin leise, aber deutlicher. Dabei beugte er sich zu mir herüber und zeigte mit der Rechten auf meine Brust. »Ich möchte wissen, wie es jenem anderen geht, dem da.« Auf der Brust spürte ich seinen Zeigefinger. »Darüber wünsche ich eine Auskunft.« Er schaute mich von der Seite an und atmete schwer, aber ich wagte nicht, seinen Blick zu erwidern, wiegte den Kopf, spitzte die Lippen und sagte schließlich: »Majestät, wie darf ich Ihre Frage verstehen?«

Er erhob sich schwerfällig von seinem Sessel und betrat die Treppe, die in den Keller hinabführte. Konnte ich ihm behilflich sein, ihn stützen, ihn begleiten? Unschlüssig war ich aufgestanden. Er nahm Stufe um Stufe, und es war, als werde ihm das Gehen mit jedem Schritt leichter, als werde er selbst zusehends leichter. Aber war er nicht tot? Hatte nicht gerade ein Toter zu mir gesprochen? Kein Kostümierter, kein Maskierter, sondern ein Toter, schlimmer noch: ein Ermordeter! Entsetzt kehrte ich in den Ballsaal zurück, in die feuchte Wärme, den Lärm. Ein Grausen war in mir, von dem mich, wie mir schien, nicht einmal der Tod würde befreien können. Ich suchte Linderung und umarmte zitternd die Knie einer Frau, die auf einem Stuhl saß. Sie schüttelte mich ab, als sei ich ein lästiger Hund, der sich an ihren Beinen befriedigen möchte. Von der wogenden Menge hin und her geschoben, versuchte ich die Tür im Auge zu behalten, erwartete ich doch die Rückkehr des toten Königs und die Fortsetzung des Verhörs.

Eine Frau drängte sich an mir vorüber und bahnte sich einen Weg zur Tür. Sie hatte sich als meine Schwester verkleidet – ein Grund, ihr zu folgen. Vor der Tür holte ich sie ein. Zusammmen betraten wir den Flur. Bei der Treppe zum Keller, neben Sessel und Schemel, dort blieb sie stehen. Ich roch ihren Schweiß. Wir schauten in den erleuchteten Kellerraum hinunter. Dort tanzten ein paar Maskierte um ein Bett herum, ein ungewöhnlich großes Bett. Ein nacktes Paar schlief darin, Stirn an Stirn lagen die beiden umschlungen unter einer dünnen Decke, die sie kaum verhüllte. Sie regten sich nicht. Ludwig und Marie Antoinette? Ich legte die Hand auf das Treppengeländer. Die Frau, die sich als meine Schwester verkleidet hatte, sagte: »Lass die zwei da unten in Ruhe, und die anderen lass ihre Späße machen.«

Durch die Löcher ihrer Maske blickte ich in ihre Augen und fragte: »Sag, warum gehst du als meine Schwester aus?« Sie hob die Maske, und ich sah, dass sie meine Schwester *war*.

»Du hast mich aber tüchtig zum Narren gehalten.« Ich lachte, und der Schrecken, in den mich der tote König versetzt hatte, ließ etwas nach. Doch lange noch schien mir, kein Tod werde mich je von ihm erlösen können.

Wie denken Sie über den Tod?

Ach! Ich war nicht zum Sterben geschaffen.
Anna de Noailles

In einer Pension hatte ich ein Zimmer gemietet und mich sogleich schlafen gelegt. Sie befand sich in unmittelbarer Nähe des Fried-hofs Père-Lachaise. Die Inhaberin ging immer in Morgenrock und Pantoffeln umher. Jeden Nachmittag stand sie vor dem Portal und machte sich über das Straßengeschehen ihre Gedanken. Unter den Gästen war auch ein bulgarischer Schriftsteller.

Es war zur Zeit der Kastanienblüte. Mir war es zur Gewohnheit geworden, nach dem Morgenkaffee auf dem Père-Lachaise spazie-ren zu gehen. Als ich den Boulevard de Ménilmontant überquerte, sah ich die Frau aus einem der Blumenläden der Place Auguste Métivier treten. Sie hielt eine rote Rose in der linken Hand und ging langsam, so als genieße sie jeden Schritt oder als misstraue sie der Tragkraft der Erde. Sie sah kurz zu mir herüber, und ich be-merkte den Glanz ihrer schwarzen Haare. Sie trug ein langes, schwarz-weiß gestreiftes Kleid und ums rechte Handgelenk einen schwarzen Reifen. Sie war klein.

Ich folgte ihr zum Friedhof empor. Auf der Treppe roch es nach Nelken und Urin. Bald verlor ich die Frau aus den Augen und befahl mir, nicht mehr an sie zu denken. Ich sah eine Schwangere in Trauerkleidern, und ein junger Mann blieb vor mir stehen und sagte: »Ihre Augen sind voller Hass.« Zuerst verstand ich ihn nicht, so fern fühlte ich mich dem Hass, dann fragte ich, während ich den Kopf schüttelte: »Sie sehen Hass in meinen Augen?« Der Mann entschuldigte sich für die Störung.

Nach einigen Schritten setzte ich mich auf den Rand eines offenen Grabes, das bis auf ein paar Scherben und Papierfetzen leer war. Wolken vagabundierten. Hinter ihnen brach manchmal die Sonne hervor und wärmte die Gerüche der Bäume und Blumen. In einem Fliederbusch zankten sich zwei Meisen. Vier Jünglinge kamen vorüber und wünschten sich Frauen.

Am folgenden Morgen sah ich die Frau wieder, und wieder begegneten sich unsere Blicke. Die Haut ihres Gesichts war bleich, die Lippen waren schmal und rot. Dichte, schwarze Fransen bedeckten die Stirn. Wie am Vortag hatte sie eine Rose bei sich, und ebenso hielt sie es die nächsten Tage. Es gab hier offenbar ein Grab, das sie mit Rosen schmückte.

Es war der 30. April. Ein trockener Wind hatte die welken Blütenblätter der Kastanien an den Rand der Friedhofswege gekehrt. Aus einer Gräberreihe erklangen Hammerschläge. Ein Steinmetz gravierte einen neuen Namen in eine rote Grabplatte. Er trug Bart und Brille und saß auf einer Wolldecke. Die große, hölzerne Werkzeugkiste stand aufgeklappt auf dem Grab. Ein toter Mann lag auf einer Bank des Carrefour du Grand-Rond. Sein Gesicht war gelb, und die Augen standen halb offen.

Ich war müde. Mit dem Bulgaren hatte ich die Nacht zuvor ein paar Flaschen jungen Burgunder geleert und war danach schlaflos geblieben. Nun wollte ich mich ausruhen. Unter dem Mausoleum der Baronin Strogonoff ließ ich mich nieder. Ich lehnte mich gegens Gemäuer und zog die Beine an. Ein Fotograf stieg an mir vorüber, grüßte. Ich genoss mein Gewicht, während die Frau sich näherte. Wie üblich hatte sie eine Rose dabei. Sie war ruhig und leicht. Die Lider lagen breit über den Augen. Sie setzte sich zu mir. »Ich habe etwas Verspätung heute, nicht wahr?«

Ein Windstoß rückte sie mir noch ein wenig näher. Sie fragte: »Was ist die Liebe für Sie?«

Ich schwieg, und sie hielt mir ihre Rose unter die Nase. Ich roch daran und musste niesen. Sie nahm etwas Abstand, um mich von der Seite anzuschauen. Ich wandte ihr mein Gesicht zu und sah in ihre grauen Augen. Sie fragte: »Und wie denken Sie über den Tod?«

Rasch erhob sie sich, eilte die Treppe hinauf und verschwand um die Ecke. Ich versuchte ihr zu folgen. Als ich den Chemin du Dragon erreichte, rief ich: »Madame!«, erhielt aber keine Antwort. Die Frau war nicht mehr zu sehen.

»Madame, Sie haben mir zwei Fragen gestellt!«

Eine Touristin kam vorüber und sah mich ängstlich an. Ich versuchte zu lächeln, dann ging ich westwärts. Ich blickte nach links und nach rechts und hoffte, die Frau habe sich irgendwo versteckt und wolle mich narren. Eine Katze sprang über den Weg. Unter einer Blutbuche blieb ich stehen, außer Atem, als sei ich eine weite Strecke gerannt. Noch einmal rief ich nach ihr und ging langsam weiter.

Vor einer Grabkapelle hielt ich inne. Dort drin war ihr Bild. Hinter der verriegelten Glastür stand es auf dem Boden. Unverkennbar sie. Und neben der Fotografie lag die Rose.

Das Ufer von heute. Aus einem alten Tagebuch

23. Januar 1968

Seit Anfang letzter Woche arbeite ich in der Werbeabteilung von *Cosmos Damenstrümpfe*. Allerdings muss ich mit baldiger Entlassung rechnen, so viel Geschirr habe ich bereits zerschlagen. Gestern trug eine meiner neuen Kolleginnen ein Tablett mit zwei Tassen Kaffee von der Kochnische durch den langen Korridor in ihr Büro, als ich ihr begegnete. Ich schlug es ihr aus den Händen, und sogleich entschuldigten wir uns beide. Wir standen inmitten auf dem Boden verstreuter Scherben und in einer bedeutenden Lache

Kaffee und musterten die Spritzer auf der weißen Wand. Fassungslos schüttelte sie den Kopf und bat mich in einem fort um Verzeihung. Ich lachte los, so dass sie jäh verstummte, und gestand: »Um ehrlich zu sein: Ich habe es mit Absicht getan.«

Heute erlaubte ich mir denselben Scherz mit der Sekretärin des Direktors. Und auch sie entschuldigte sich lautstark dafür, mir im Weg gestanden zu haben, jedenfalls tat sie es so lange, bis ich ihr die Wahrheit verriet. Sie runzelte die Stirn, schaute mich mit leeren Augen an und rief ihre kleine Tochter herbei. Diese hielt sich im betriebseigenen Kinderhort auf, der am Ende des Korridors untergebracht ist. Sie heißt Deirexia und dürfte etwa fünf Jahre alt sein.

»Geh«, sagte die Mutter zu ihr, »geh und mach dem Herrn Direktor einen Kaffee.« Sie wusste, dass ihr Kind dazu nicht fähig war, aber sie war offenbar zu verwirrt, um sich noch vernünftige Gedanken machen zu können.

»Möchten Sie ebenfalls einen Kaffee?«, fragte sie mich.

»Warum nicht?« Ich begleitete die kleine Deirexia zur Kochnische, wo wir ausführlich Kaffee brauten: eine Tasse für den Herrn Direktor, eine Tasse für Mama und eine Tasse für mich.

Nachdem ich ihr die Schuhe fest geschnürt hatte, durfte sie das Tablett mit den drei Tassen durch den Korridor tragen. Bedächtig setzte sie Schritt vor Schritt, das Tablett schwankte immer wieder, der Kaffee schaukelte in den Tassen, aber es gelang ihr, ohne Unfall erst ihrer Mutter eine davon zu liefern und die beiden anderen dann zum Direktor zu tragen. Ich klopfte an dessen Tür, zu zweit betraten wir das Büro. Er nahm Deirexia das Tablett ab, stellte es auf den Besprechungstisch und verabschiedete sie mit Lob und Dank. Sie verließ das Büro und rannte zu ihrer Mutter.

»Nehmen Sie Platz«, forderte der Direktor mich auf. Dann tranken wir zusammen Kaffee, und jetzt weiß ich: Noch ein Zwischenfall dieser Art, und um meine Stelle ist es geschehen.

29. Februar 1968

Eine Fünfjährige, ein Findelkind! Ohne Mutter, ohne Muttersprache, unfähig, einen einzigen korrekten Satz zu bilden. Und doch ist bereits ein Buch über sie erschienen. Ein Wunderkind, hieß und heißt es landauf, landab. Sogar die Boulevardpresse widmete dem kleinen Mädchen und seinen Bildern ganze Seiten. Die Leiter des Kinderheims bedauern es, für so viel Aufmerksamkeit gesorgt zu haben. Aber die Spenden – das Kind bedeutet Gratiswerbung.

Flugkinder, Unterwasserschmetterlinge, Kreuzigungen waren ihre Sujets. Farben, die einen schauern machen und gleichzeitig jubeln vor Glück. Dieses Kind hat unsere Seelen erraten. Eine Fünfjährige, die keiner Muttersprache mächtig war (da fällt mir eine ihrer Kreuzigungen ein: sie selbst am Kreuz ihrer unbekannten Mutter), hingegen die Fremdsprache der Farben beherrschte, so dass ein ganzes Volk gerührt, fast möchte ich sagen: bekehrt worden ist. Manche halten sie für eine Prophetin.

Ein eifersüchtiger Heimkamerad hat sie getötet, indem er sie von einem Baum schüttelte, auf den sie geklettert war. Ihr letztes Bild, ehe sie gestorben ist: ein weißes Pferd in einem Hohlweg, der in die Dunkelheit führt. Es bäumt sich auf und wirft seine Reiterin ab.

Ich muss gestehen, dass ich weinte, als ich heute von ihrem Tod erfuhr. Unser reiches Land ist von seinem besten Geist verlassen worden.

8. März 1968

Im Autobus begegnete ich vorgestern einer jener jungen Frauen, die ich im Winter bei *Cosmos Damenstrümpfe* kennen gelernt habe. An ihren Namen erinnerte ich mich nicht mehr. Sie arbeitet jetzt in einer Werbeagentur. Ihr neuer Chef begleitete sie auf dem Heimweg. Zu dritt standen wir im Heck des Autobusses, und sie zeigte dem Chef die Entwürfe, die sie für die neue Kampagne zu Gunsten der Erinnerung angefertigt hatte: lauter bunte Figuren mit Sprechblasen über den Köpfen.

»Stecken Sie die Sachen in meine Mappe«, sagte der Chef müde zu ihr, »ich werde sie mir übers Wochenende ansehen.« Sie gehorchte, offenbar enttäuscht darüber, ihm die Texte nicht vorlesen zu dürfen.

Die beiden stiegen aus, und erst zu Hause bemerkte ich das Missgeschick: Sie hatte ihre Entwürfe in meiner Mappe verstaut. Zwei Kunstzeitschriften, auf denen Adresszettel klebten, befanden sich zum Glück darunter. Offenbar ist sie Abonnentin und erhält sie jeweils durch die Post zugestellt. Und nun wusste ich auch ihren Namen wieder: Veronika.

Ich habe in den beiden Revuen geblättert. Die eine ist der Ästhetik der Zimmerpflanzen gewidmet, alles erinnert mich ans Wohnzimmer meiner kranken Mutter. Die andere behandelt zeitgenössische Künstler Graubündens. Ein Bild eines gewissen Pizel Pixel macht mir einen angenehmen Eindruck. Es stellt zwei offenbar nackte Männer dar. Jeder der beiden steckt bis zur Brust in einem Schneeloch und hält sich eine Brause über den Kopf. Der eine nimmt eine warme, dampfende, der andere aber eine kalte Dusche. Der Titel des Bildes lautet: *Ein Kaltduscher.*

Heute Morgen schob ich die Entwürfe und die Zeitschriften in einen Pappumschlag und brachte ihn zur Post. Ein kurzer Brief sollte Veronika über das Versehen aufklären. Ich schrieb ihr auch, dass ich mich freute, ihrer Kampagne zu Gunsten der Erinnerung nächstens in der Öffentlichkeit zu begegnen.

12. Mai 1968

Gestern Nachmittag Wiedersehen mit Veronika. Wir hatten vereinbart, uns bei der Haltestelle *Nordstern* zu treffen. Ich saß auf der Wartebank und las in einer Zeitung vom Vortag einen Artikel über die Befürchtungen gewisser Astronomen, es sei unmöglich, auf dem Mond zu landen, weil seine Besucher einfach im Staub versinken könnten.

Als Veronika vor mir stand, faltete ich die Zeitung zusammen und sagte: »Nächstes Jahr werden sie auf dem Mond spazieren gehen.«

»Wer denn?«

»Die Amerikaner.«

»Da bin ich mir nicht so sicher«, entgegnete sie. Sie trug gestreifte Hosen, eine weiße Bluse und eine Lederjacke.

In der Stadt hängen jetzt überall rote Plakate. Rote Tücher liegen in den Schaufenstern der Buchhandlungen, und rote Fahnen flattern auf den Dächern der Theater. Ich rückte meine blaue Krawatte zurecht und fragte: »Wollen wir wetten?«

»Was gibt es da zu wetten?«

»Ich wette mit Ihnen, dass die Amerikaner nächstes Jahr auf dem Mond landen und dort spazieren gehen werden.«

»Darauf habe ich keine Lust. So eine Albernheit. Als ob wir keine anderen Sorgen hätten.«

Wir saßen in einem ratternden Straßenbahnwagen und blickten zum Fenster hinaus und auf die Autos hinab. VW Käfer, Renault Dauphine, Fiat 1100, Ford Cortina, Opel Kapitän.

»Ein Jaguar«, sagte ich, »haben Sie ihn auch gesehen?«

»Sie scheinen sich sehr für Autos zu interessieren«, erwiderte sie kühl.

»Und weit und breit keine Japaner und Koreaner«, sagte ich und lächelte sie versonnen an. Sie zog ihre Brauen zusammen. Ich bemühte mich, die Farbe ihrer Augen zu erkennen: Grau mit rötlichen Einsprengseln, etwas eher Seltenes. Sie liegen nah beieinander, die Nase ist schmal und lang. Ich sagte: »Als Kind habe ich mich sehr für Autos interessiert, etwas davon ist geblieben. Haben Sie übrigens die silberfarbene DS gesehen?«

»Leider nicht, aber ich bewundere Ihre Markenkenntnisse.« Ihre Stimme bebte vor Abscheu.

Wir stiegen aus. Sie hatte eine lederne Mappe bei sich. Ich fragte sie, ob ich sie ihr abnehmen dürfe. Sie antwortete nicht.

»Was schleppen Sie denn da mit sich herum?«, setzte ich noch einmal an.

»Flugblätter.«

»Sie sind politisch engagiert?«

»Sie etwa nicht?«, fragte sie spöttisch zurück.

»Wenn ich Ihre Hoffnungen hätte, dann vielleicht auch.«

»Es geht hier nicht nur um Hoffnungen, sondern auch um Ungerechtigkeit, Unterdrückung, Krieg. Sie kümmern sich um den Mond, ich kümmere mich um Vietnam.«

»Um Vietnam brauchen Sie sich keine Sorgen zu machen. Die Amerikaner werden diesen Krieg auch ohne Sie verlieren. Warten Sie ein paar Jahre, haben Sie Geduld.«

Sie sah mich an und sagte: »Spielen Sie sich nicht so auf. Woher wollen ausgerechnet Sie wissen, wie die Welt in ein paar Jahren aussieht?«

»Manchmal träume ich es. Oder dann sind es die Kinder, die es mich wissen lassen. Wer ihnen genau zuschaut und zuhört, der kann sich schon einen Reim auf die Zukunft machen. Erinnern Sie sich an die kleine Deirexia bei *Cosmos*? Oder an das Findel- und Wunderkind?«

Ich bat sie noch einmal, ihre Mappe tragen zu dürfen, und sie erfüllte mir den Wunsch. Ich folgte ihr bis zum Stadtrand hinaus. Auf den Wiesen, die das Flussufer säumen, saßen viele Menschen und ließen sich von der Frühlingssonne wärmen. Sie schienen es zu genießen, einander so nah zu sein.

»Wie im Paradies«, sagte ich. »Als hätte der Mensch den Menschen noch nicht durchschaut.«

Sie nahm mir die Mappe aus der Hand und beugte sich zu einem kräftigen Mann hinab, der hier in der Badehose auf sie zu warten schien. Er stand auf und sagte: »Sie sind also der Kerl, der ahnungslose Mädchen anrempelt und ihren Kaffee verschüttet?«

»Ich will es nicht leugnen«, antwortete ich und entfernte mich schnell.

20. Juli 1968

Ich sah im Traum die Mondfahrer und hörte sie jubeln. Aldrin führte Armstrong an einer langen Leine und war seinerseits mit der Mondlandefähre verbunden. Doch das Ende der Schnur glitt ihm aus der Hand, weil sein Gefährte viel zu hoch gesprungen war. Den hatte es gepackt. Besinnungslos vor Glück tat er Riesensprünge und Riesenschritte. Und Aldrin ihm nach, darauf bedacht, seine Gefühle zu zügeln. Doch Armstrong war nicht mehr einzuholen. Aldrin musste umkehren und den ersten Menschen, der den Mond betreten hatte, der Glückseligkeit und dem Verderben überlassen.

Heute Abend werde ich Veronika anrufen und ihr den Traum erzählen. Doch zuerst werde ich sie zur Kampagne zu Gunsten der Erinnerung beglückwünschen. In der ganzen Stadt hängen jetzt Plakate. Darauf sind zwei Figuren abgebildet, eine Frau und ein Mann. In der Sprechblase des Mannes steht: »Und was ist mit der Erinnerung?« In der Sprechblase der Frau steht: »Warten Sie ein paar Jahre, haben Sie Geduld.«

Fahnenflucht mit der Lokalbahn

Verlag und Autor danken allen, die zum Gelingen dieses Werks beigetragen haben, insbesondere Bernhard Heinser und Thomas Heimgartner für die kritische Durchsicht des Manuskripts und Rebecca Bettschart, Martin Gross, Sonja Kreis, Matthias Schmutz, Elsbeth Sutter und Martin Sutter für Rat und Tat.

Für großzügig gewährte Beiträge an die Drucklegung bedanken sich Verlag und Autor bei der Einwohnergemeinde Baar, beim Kanton Zug, bei der Dätwyler Stiftung und bei Katja Schicht.

Layout und Satz: Beatrice Maritz
Schutzumschlag: Christian Macketanz
Druck: Tipografia Stazione SA, Locarno

© by Maritz & Gross,
edition pudelundpinscher, Unterschächen 2007
Alle Rechte vorbehalten
www.pudelundpinscher.ch
ISBN 978-3-9523273-0-2

Printed in Switzerland

Finito di stampare presso la Tipografia Stazione SA, Locarno
il 31 maggio 2007 giorno della Visitazione della B. V. Maria